ZHIYE YUANXIAO GONGGONG JICHUKE
RENWEN SUZHI JIAOYU XIANZHUANG SHIZHENG YANJIU

职业院校 公共基础课

人文素质教育现状实证研究

肖 毅／著

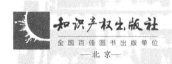

知识产权出版社
全国百佳图书出版单位
—北京—

图书在版编目(CIP)数据

职业院校公共基础课人文素质教育现状实证研究/肖毅著. — 北京 : 知识产权出版社, 2022.8

ISBN 978-7-5130-8287-7

Ⅰ.①职… Ⅱ.①肖… Ⅲ.①高等职业教育－文化素质教育－研究－中国 Ⅳ.①G718.5

中国版本图书馆CIP数据核字(2022)第147540号

内容提要：

本书在梳理国内外人文素质教育研究现状的基础上,深入探究了人文素质教育理论,抽样选取了六所职业院校,分别对教师和学生进行调查与研究,挖掘分析公共基础课人文素质教育现状、存在的问题及影响因素,探索促进职业院校学生人文素质提升的路径。

本书可以为职业院校人文素质教育和学生就业提供借鉴。

责任编辑:阴海燕　　　　　　　　　　　　责任印制:孙婷婷

职业院校公共基础课人文素质教育现状实证研究

肖　毅　著

出版发行:知识产权出版社有限责任公司	网　　址:http://www.ipph.cn
电　　话:010-82004826	http://www.laichushu.com
社　　址:北京市海淀区气象路50号院	邮　　编:100081
责编电话:010-82000860转8693	责编邮箱:laichushu@cnipr.com
发行电话:010-82000860转8101	发行传真:010-82000893
印　　刷:北京中献拓方科技发展有限公司	经　　销:新华书店、各大网上书店及相关专业书店
开　　本:710mm × 1000mm 1/16	印　　张:10.5
版　　次:2022年8月第1版	印　　次:2022年8月第1次印刷
字　　数:180千字	定　　价:69.00元

ISBN 978 - 7 - 5130 - 8287 - 7

前　　言

　　随着我国进入新发展阶段,新兴产业持续壮大,传统产业加快转型升级,各行各业对高素质技术技能人才的需求越来越急迫,国家对职业教育发展重视程度不断增加,职业教育发展迎来重大机遇期。2019年,高职院校面向普通高中毕业生、中职毕业生、退役军人、下岗失业人员、农民工和新型职业农民等群体扩招116万人,2020年扩招157万人,2021年高职院校持续扩招100万人,职业院校规模迅速扩张,本科等高层次职业教育试点、"学历证书+"若干职业技能等级证书(简称"1+X证书")制度试点、职业教育国家"学分银行"试点及职业教育领域"三全育人"综合改革试点等职业教育领域改革加快推进,数字化、个性化、终身化的教育体系正在积极构建。面对职业教育发展的新形势、新目标、新任务,如何切实提高职业院校人才培养质量,落实立德树人根本任务,加快培养德智体美劳全面发展的高素质劳动者和技术技能人才,提升职业院校学生的可持续发展能力,促进学生就业和适应产业发展需求,提升新时代职业教育的适应性,成为百年变局背景下职业教育持续健康发展的关键。

　　2019年,国务院印发的《国家职业教育改革实施方案》中强调,要将职业教育摆在教育改革创新和经济社会发展中更加突出的位置,落实好立德树人根本任务,健全德技并修、工学结合的育人机制,推进职业教育领域"三全育人"综合改革试点工作,使各类课程与思想政治理论课同向同行,努力实现职业技能和职业精神培养高度融合。教育部《关于加强大学生文化素质教育的若干意见》中指出,随着世界科学技术的发展进步和物质财富的高速增长,社会对科学技术的极大重视和对物质利益的强烈追求,人文教育受到冷落,并随之带来一系列世界性的社会问题。为此,各国都在采取各种办法整合科学教育和人文教育,特别是把提高学生的人文素质作为高等教育改革的重要方面,以促进精神文明与物质文明的同步发展。教育部《关于职业院校专业人才培养方案制订与实施工作的指导意见》中指出,职业院校要强化学生职业素养养成和专业技术积累,将专业精神、职业精神和工匠精神融入人才培养全过程;要严格按照国家有关规定开齐开足公共基础课程,合理安排公共基础课程学时,提高学生人文素养。

公共基础课是促进人文素质提升的重要抓手,本书是教育部职业院校教育类专业教学指导委员会重点项目"人文素质教育视域下职业院校公共基础课程改革与实践研究"(项目编号:2018GGJCKT3)的部分研究成果。本书在厘清国内外人文素质教育研究现状的基础上,深入探究了人文素质教育理论,抽样选取了六所职业院校分别对教师和学生进行调查与研究,挖掘分析公共基础课人文素质教育现状、存在的问题及影响因素,努力探索促进职业院校学生人文素质提升的路径,希望为推动公共基础课程改革,加强职业院校人文素质教育,促进学生的全面发展与就业提供借鉴。

教育部职业院校教育类专业教学指导委员会为项目开展提供了研究平台,并为项目顺利开展给予专业的指导与帮助,参与调研的师生对调研工作的顺利开展给予大力支持与配合,项目组成员在项目研究过程中齐心协力、辛苦付出,在此一并致谢!受视野和研究水平所限,本书仍存在一些不足,期待得到大家的指教。

肖　毅

2022 年 4 月

目　　录

第一章 绪 论

第一节 研究背景

随着信息技术的迅猛发展,产业升级和经济结构调整不断加快,职业教育的重要地位和作用越来越凸显,国家对职业教育发展重视程度不断增加,职业教育迎来快速发展时期。随着职业院校的迅速扩张,就业形势的变化,如何提高职业院校人才培养质量,提升职业院校学生的可持续发展能力,促进学生就业和适应产业发展需求,成为社会各界日益关注的问题。

教育部《关于加强大学生文化素质教育的若干意见》中强调,随着世界科学技术的发展进步和物质财富的高速增长,社会对科学技术的极大重视和对物质利益的强烈追求,人文教育受到冷落,并随之带来一系列世界性的社会问题。为此,各国都在采取各种办法整合科学教育和人文教育,特别是把提高学生的人文素质作为高等教育改革的重要方面,以促进精神文明与物质文明的同步发展,建立人与自然、人与社会、人与人之间的和谐关系。加强文化素质教育正是这一时代发展的要求,是社会可持续发展对高素质人才的呼唤。[1]

教育部社会科学委员会副主任委员顾明远教授曾经指出,"如果一所职业院校纯粹以就业为导向设置专业和课程,而忽略了对学生作为'全面的人'的教学,也许当学生走向社会工作岗位后,他们可能很容易上手某项技能,成为熟练工,但由于他们在人文素质培养上的缺失,使他们失去了可持续发展的能力,从而在激烈竞争中同样处于'弱势'"[2]。

---

[1] 教育部. 关于加强大学生文化素质教育的若干意见[EB/OL]. (1998-04-10)[2020-03-06]. http://old.moe.gov.cn//publicfiles/business/htmlfiles/moe/moe_734/200408/2982.html.

[2] 谢苗枫. 高职,如何才能高质?[N]. 南方日报,2005-01-20(A20).

2018年，习近平总书记在全国教育大会上强调，新时代新形势，改革开放和社会主义现代化建设、促进人的全面发展和社会全面进步对教育和学习提出了新的更高的要求。要全面加强和改进学校美育，坚持以美育人、以文化人，提高学生审美和人文素养。国务院《关于加快发展现代职业教育的决定》提出，要落实立德树人根本任务，培养数以亿计的高素质劳动者和技术技能人才；建立专业教学标准和职业标准联动开发机制；推进中等和高等职业教育培养目标、专业设置、教学过程等方面的衔接，全面实施素质教育，科学合理设置课程，加强人文素养教育，将职业道德、人文素养教育贯穿培养全过程。❶国务院印发的《国家职业教育改革实施方案的通知》提出，要将职业教育摆在教育改革创新和经济社会发展中更加突出的位置，健全德技并修、工学结合的育人机制，推进职业教育领域"三全育人"综合改革试点工作，努力实现职业技能和职业精神培养高度融合。

2020年，中共中央办公厅、国务院办公厅印发的《关于全面加强和改进新时代学校美育工作的意见》中强调，要以提高学生审美和人文素养为目标，弘扬中华美育精神，以美育人、以美化人、以美培元，把美育纳入各级各类学校人才培养全过程，贯穿学校教育各学段，培养德智体美劳全面发展的社会主义建设者和接班人。❷教育部《关于职业院校专业人才培养方案制订与实施工作的指导意见》中强调，职业院校要强化学生职业素养养成和专业技术积累，将专业精神、职业精神和工匠精神融入人才培养全过程，要严格按照国家有关规定开齐开足公共基础课程，合理安排公共基础课程学时，提高学生人文素养。❸

可见，推进职业院校人文素质教育是促进人才培养质量提升的内在需求，也是深化职业教育教学改革的一项重要任务。

---

❶ 国务院. 关于加快发展现代职业教育的决定[EB/OL]. (2014-06-22)[2021-10-06]. http://www.gov.cn/zhengce/content/2014-06/22/content_8901.htm.

❷ 中共中央办公厅，国务院办公厅. 关于全面加强和改进新时代学校美育工作的意见[EB/OL]. (2020-10-15)[2021-01-15]. http://www.gov.cn/gongbao/content/2020/content_5554511.htm.

❸ 教育部. 关于职业院校专业人才培养方案制订与实施工作的指导意见[EB/OL]. (2019-06-11)[2021-10-06]. http://www.moe.gov.cn/srcsite/A07/moe_953/201906/t20190618_386287.html.

第二节 内涵界定

一、职业院校

一般认为,职业院校是指经政府有关部门依法批准建立,实施全日制中等学历教育的各类中等职业学校、实施全日制高等学历教育的高等职业学校和高等专科学校,包括高等学校附属的高职(专科)学院、中专部、中等职业学校等。

自1996年9月1日起施行的《中华人民共和国职业教育法》规定,国家根据不同地区的经济发展水平和教育普及程度,实施以初中后为重点的不同阶段的教育分流,建立健全职业学校教育与职业培训并举,并与其他教育相互沟通、协调发展的职业教育体系。职业学校教育分为初等、中等、高等职业学校教育,初等、中等职业学校教育分别由初等、中等职业学校实施;高等职业学校教育根据需要和条件由高等职业学校实施,或者由普通高等学校实施。其他学校按照教育行政部门的统筹规划,可以实施同层次的职业学校教育。❶

2014年,国务院《关于加快发展现代职业教育的决定》指出,要加快构建现代职业教育体系。巩固提高中等职业教育发展水平。创新发展高等职业教育,专科高等职业院校要密切产学研合作,培养服务区域发展的技术技能人才,加强社区教育和终身学习服务;探索发展本科层次职业教育;建立以职业需求为导向、以实践能力培养为重点、以产学结合为途径的专业学位研究生培养模式;研究建立符合职业教育特点的学位制度。引导普通本科高等学校转型发展,采取试点推动、示范引领等方式,引导一批普通本科高等学校向应用技术类型高等学校转型,重点举办本科职业教育。❷

2019年,国务院印发的《国家职业教育改革实施方案的通知》明确,职业教育与普通教育是两种不同教育类型,具有同等重要地位。完善国家职业教育制度体系,提高中等职业教育发展水平,建好办好一批县域职教中心,指导各地优化

---

❶ 中华人民共和国职业教育法[EB/OL]. (2005-05-25)[2021-10-18]. http://www.gov.cn/banshi/2005-05/25/content_928.htm.

❷ 国务院. 关于加快发展现代职业教育的决定[EB/OL]. (2014-06-22)[2021-10-06]. http://www.gov.cn/zhengce/content/2014-06/22/content_8901.htm.

中等职业学校布局结构,办好内地少数民族中职班;推进高等职业教育高质量发展,高等职业学校要培养服务区域发展的高素质技术技能人才,加强社区教育和终身学习服务,根据高等学校设置制度规定,将符合条件的技师学院纳入高等学校序列;完善学历教育与培训并重的现代职业教育体系,发展专业学位研究生培养模式,加强专业学位硕士研究生培养,推动具备条件的普通本科高校向应用型转变,鼓励有条件的普通高校开办应用技术类型专业或课程;开展本科层次职业教育试点;服务军民融合发展,把军队相关的职业教育纳入国家职业教育大体系。❶

2022年4月20日,新修订的《中华人民共和国职业教育法》指出,国家建立健全适应经济社会发展需要,产教深度融合,职业学校教育和职业培训并重,职业教育与普通教育相互融通,不同层次职业教育有效贯通,服务全民终身学习的现代职业教育体系。职业学校教育分为中等职业学校教育、高等职业学校教育。中等职业学校教育由高级中等教育层次的中等职业学校(含技工学校)实施。高等职业学校教育由专科以上教育层次的高等职业学校和普通高等学校实施。根据高等学校设置制度规定,将符合条件的技师学院纳入高等职业学校序列。其他学校、教育机构或者符合条件的企业、行业组织按照教育行政部门的统筹规划,可以实施相应层次的职业学校教育或者提供纳入人才培养方案的学分课程。❷

综上所述,职业院校的内涵随着经济社会发展需要和教育事业的发展而不断丰富,职业院校的地位也日渐凸显,学历层次将由中等教育、专科教育、本科教育向研究生教育不断延伸,职业教育学位制度也将逐步完善。本书将职业院校定位于目前中等、高等职业教育的重要组成部分——中等职业学校和高等职业学校(专科),专业类型主要分为文科类、理工类和艺术类,基本学制为三年。

---

❶国务院.国家职业教育改革实施方案[EB/OL].(2019-02-13)[2021-10-18].http://www.gov.cn/zhengce/content/2019-02/13/content_5365341.htm.

❷中华人民共和国职业教育法[EB/OL].(2022-04-21)[2022-04-23].http://www.gov.cn/xinwen/2022-04/21/content_5686375.htm.

二、人文素质

"人文"一词最早出现在《易经》中："刚柔交错,天文也;文明以止,人文也。观乎天文,以察时变;观乎人文,以化成天下。"[1]其中的"天文""人文"是相对应的,"天文"是指日月天地等与自然界有关的现象及变化规律,关注的是自然规律;"人文"则指非自然界运行所形成的伦理道德、风俗习惯和理想价值,是以礼教文化为代表的人类文明和文化,关注的是人为主体的道德伦理和礼法制度。《辞海》中对"人文"的解释是:"人文指人类社会的各种文化现象。"[2]

"素质"一词在《辞海》中被阐述为"人或事物在某些方面的本来特点和原有基础、人的先天的解剖生理特点"以及"人们在实践中增长的修养"[3]。《心理学大辞典》指出,"素质也称为'禀赋''天资''天赋',是个体与生俱来的解剖生理特点,包括脑和神经系统的机构和机能特征,感觉器官、运动器官、身体的结构和机能特征等……主要由遗传决定,也受到胎儿期母体内外环境的影响"[4]。《教育大辞典》对"素质"的解释是:"个人先天具有的解剖生理特点,包括神经系统、感觉器官和运动器官的特点,其中脑的特点尤为重要。它们通过遗传获得,故又称遗传素质,亦称禀赋。素质对于人的能力形成和发展有重大影响,素质对人的性格、气质形成也有影响。如果缺乏必要的学习和训练,不参加社会实践活动,尽管有良好的素质,也不能发展为有益的才能和良好的个性品质。"[5] 由此可见,心理学认为素质是先天具有的能力,而教育学在承认遗传特质的同时,提出了实践教育活动在人的素质养成过程中的重要作用,更重视教育对素质提升的重要影响。

人文素质是"人文"与"素质"两个概念的组合。祝丹娜认为,人文素质是指以人的先天特点为基础,在一定的文化环境下,一个人内存于主体的精神品格和文化素养,它具有潜隐性、稳定性、发展性的特点。[6]人文素质的发展与学校的培

---

[1] 周易·贲卦·象辞[M].上海:上海古籍出版社,1998:256-257.

[2] 辞海[M].上海:上海辞书出版社,1999:368.

[3] 同[2]:1479.

[4] 心理学大辞典[M].上海:上海教育出版社,2003:1204.

[5] 教育大辞典[M].上海:上海教育出版社,1990:27.

[6] 祝丹娜.先秦道家思想视阈下大学生人文素质培育策略研究[D].大连:大连医科大学,2018:1.

育有密切联系,通过学校开设公共基础课程开展教学,可以重塑和完善学生的人文素质,促进人的全面发展。

董小磊、杨成俊认为,人文素质有广义和狭义之分,广义上的人文素质主要是指人们在自身素质的形成过程中所形成的一种相对稳定的自身的特质,主要包括思想道德素质、理想追求、文化素质、思维逻辑方式、行为方式等诸多方面,而狭义的人文素质主要指思想道德素质。[1]

何翔认为人文素质包含人文基础、人文知识、人文思想、人文方法和人文精神五个成分[2];李春霞从精神层面提出人文素质包括人文精神、艺术精神、道德精神三个层面内容[3]。

高永会、刘佩云、王素音指出,人文素质包括人文知识、人文思想、人文精神、人文方法四个方面内容,人文知识包括政治知识、哲学知识、道德知识等方面知识;人文思想包含哲学思维、政治观念、道德意识等;人文精神包容于人文知识中的人生认识感受、价值判断与取向等哲理性的东西;人文方法是人文思想中所蕴含的认识方法和实践方法。[4]姜世健认为人文素质是由人文知识、人文情感、人文修养和人文追求四个方面组成的综合体。[5]

通过对之前研究者文献资料的梳理来看,目前学界对人文素质内涵尚未形成统一的认识,学者提出的内涵内容存在交叉和包含。本书对人文素质概念框架进行重构,将人文素质分为人文知识、人文思想、实践行为、人文精神四个方面,人文知识主要包括中国传统文化、历史文学、天文地理及创新创业等人文领域及促进个人职业发展的知识,为个人人文素质提升构建基础的基本知识;人文思想涵盖社会主义核心价值观、思想政治理论、哲学、职业道德、心理健康、艺术素养等方面内容,为当代学生树立良好的世界观、人生观、价值观,形成感受、体

---

[1] 董小磊. 当代大学生人文素质研究[J]. 吉林省教育学院学报,2013(5):41-42;杨成俊. 高等职业院校人文教育研究[D]. 桂林:广西师范大学,2012:18.

[2] 何翔. 理工科大学人文素质教育的现状、内容及对策研究[D]. 西安:西安电子科技大学,2006:6.

[3] 李春霞. 关于工科大学生提高人文素养的思考[J]. 大学教育,2013(20):34-35.

[4] 高永会. 高职院校大学生人文素质教育现状及对策研究[D]. 济南:山东师范大学,2018:12;刘佩云. 高职院校人文素质教育存在的问题及解决对策[J]. 科教导刊,2018(1):12-13;王素音. 高职语文与人文素质教育[J]. 吉林省教育学院学报,2015(10):20-22.

[5] 姜世健. 对当前大学生人文素质状况的调查与分析[J]. 保定学院学报,2014(1):110-116.

验、鉴赏、创造艺术的能力,发展个性奠定思想知识基础;实践行为包括劳动教育、体育活动、军事训练等实践性活动,是职业院校的特色内容,也是促进学生将所掌握的人文知识,所理解的人文思想与社会实践相结合,不断内化提升的必然途径;人文精神是在学生获取人文知识、人文思想,经过实践活动的历练后升华形成的文化内涵、人格魅力和行为修养,是个人所具有的自觉的、内在的、稳定的品质,是人文素质的核心内容,具有人文精神是人文素质的价值诉求和终极体现。

三、人文素质教育

20世纪末,伴随着科学技术的突飞猛进,我国单一的专业教育思想和教育观念突出,功利导向过重,忽视文化素质教育等问题带来的人才培养质量问题及负面影响逐渐凸显,为此,教育改革将提高学生人文素质作为重要方面。1995年,原国家教委开始在52所高等学校开展加强大学生文化素质教育试点工作。实践证明,加强文化素质教育,对于促进教育思想和教育观念的转变,推动高等学校人才培养模式、课程体系和教学内容的改革,培养适应21世纪需要的高质量人才,具有重要意义。1998年,教育部在《关于加强大学生文化素质教育的若干意见》中明确,加强文化素质教育是一种新的教育思想和观念的体现,是大学生全面发展的需要,是高质量人才培养的重要组成部分,文化素质是大学生的基本素质的基础,加强文化素质教育工作,重点指人文素质教育,主要是通过对大学生加强文学、历史、哲学、艺术等人文社会科学方面的教育,同时对文科学生加强自然科学方面的教育,以提高全体大学生的文化品位、审美情趣、人文素养和科学素质。必须加强对文化素质教育的研究,并通过第一课堂和第二课堂相结合,将文化素质教育贯穿于专业教育始终;借助开展各种形式的社会实践活动等途径,将文化素质教育贯穿于大学教育的全过程。❶

1999年,中共中央、国务院《关于深化教育改革全面推进素质教育的决定》提出,教育在综合国力的形成中处于基础地位,国力的强弱越来越取决于劳动者的素质,必须深化教育改革,全面推进素质教育,必须将素质教育贯穿于职业教育、

---

❶教育部高教司.关于加强大学生文化素质教育的若干意见[EB/OL].(1998-04-10)[2020-03-06].
http://old.moe.gov.cn/publicfiles/business/htmlfiles/moe/moe_734/200408/2982.html.

高等教育等各级各类教育,把德育、智育、体育、美育等有机地统一在教育活动的各个环节中,智育工作要转变教育观念,改革人才培养模式,重视培养学生获取新知识的能力、语言文字表达能力以及团结协作和社会活动的能力;高等教育要重视培养大学生的创新能力、实践能力和创业精神,普遍提高大学生的人文素养和科学素质;职业教育要使学生在掌握必需的文化知识的同时,具有熟练的职业技能和适应职业变化的能力。❶

2000年,教育部《关于加强高职高专教育人才培养工作的意见》指出,要主动适应社会经济发展对高职高专教育的需要,全面推进素质教育,树立科学的人才观、质量观和教学观;要将素质教育贯穿于高职高专教育人才培养工作的始终,要以素质教育的思想和观念为指导,推动人才培养模式的改革;要注重人文社会科学与技术教育相结合,坚持德、智、体、美等方面全面发展,正确处理好传授知识、培养能力、提高素质三者之间的关系,要注重全面提高学生的综合素质,切实保证培养目标的实现。❷

2014年,国务院《关于加快发展现代职业教育的决定》中强调,要加快构建现代职业教育体系,全面实施素质教育,科学合理设置课程,将职业道德、人文素养教育贯穿培养全过程,培养数以亿计的高素质劳动者和技术技能人才。❸

随后,教育部《关于深化职业教育教学改革全面提高人才培养质量的若干意见》《国务院关于印发国家职业教育改革实施方案的通知》《关于切实加强新时代高等学校美育工作的意见》《关于职业院校专业人才培养方案制订与实施工作的指导意见》等一系列文件先后出台,要求以立德树人为根本,健全德技并修、工学结合育人机制,加强思想道德、人文素质教育和技术技能培养,全面提高人才培养质量。

潘莹莹、王翔认为,人文素质教育就是以人为中心,以提高人文素质为目的,以培养人文精神为宗旨的教育,基础课程可以促使学生具备人文知识、理解人文

---

❶中共中央,国务院.关于深化教育改革全面推进素质教育的决定[EB/OL].(1999-06-13)[2020-03-06].http://old.moe.gov.cn/publicfiles/business/htmlfiles/moe/moe_177/200407/2478.html.

❷教育部.关于加强高职高专教育人才培养工作的意见[EB/OL].(2000-01-17)[2020-03-06].http://old.moe.gov.cn/publicfiles/business/htmlfiles/moe/s7056/201401/xxgk_162628.html.

❸国务院.关于加快发展现代职业教育的决定[EB/OL].(2014-06-22)[2021-10-06].http://www.gov.cn/zhengce/content/2014-06/22/content_8901.htm.

思想、掌握人文方法、遵循人文精神,培养良好的思想政治素质、道德品质、健全的人格,培养可持续发展能力,引导学生学会如何做人。❶

曾晨曦、王丹将人文素质教育内容划分为不同的方面,一是人文基础知识的教育,其主要针对个人的思想道德、语言文学等方面进行人文学科的教育;二是关于人类意识形态的教育,主要进行道德观、价值观以及行为规范等方面的教育;三是对气质修养的教育,主要将优秀传统文化知识成果内化为受教育者稳定的内在品质,塑造学生的健康人格。❷

杨叔子指出,人文素质教育具有广泛而丰富的内容,应当围绕以弘扬爱国主义精神为主要目的的我国历史与民族文化教育,以集体主义为核心的价值观与道德观教育,以社会主义为核心的公民教育,以马克思主义哲学为主要内容的世界观与方法论的教育,以陶冶高尚情操为主要目的的文学、艺术教育五个方面来开展。❸

综上可见,近年来,国家对人文素质教育日益重视,对职业院校加强人文素质教育,培养高素质劳动者和技术技能人才给予政策和经费方面的大力支持。越来越多的研究者在持续开展相关研究,以求助力学生人文素质教育的提升。本书将人文素质教育公共基础课程分为人文知识类、人文思想类、鉴赏类、实践类四个类别,人文知识类课程包含语文或优秀传统文化、数学、天文地理、历史文学、外语、创新创业、安全教育、职业发展、就业指导等;人文思想类课程包括思想政治理论课、哲学、德育、职业素养、心理健康等;鉴赏类课程包括美育、公共艺术、音乐、美术等;实践类课程包括体育、军事、信息技术、团队拓展、志愿服务、职业礼仪与沟通、劳动教育、社会实践、校园文化等。人文素质教育是根据经济社会发展趋势,遵循职业教育复合型人才培养目标及职业院校学生身心发展规律和特点,广泛运用启发式、探究式、讨论式、参与式等教学方法,采用翻转课堂、混合式教学、自主式学习等教学模式,有目的、有计划地引导职业院校学生通过

❶潘莹莹.加强高职院校学生人文素质教育的思考[J].吉林工程技术师范学院学报,2016(11):63-65;王翔.浅析大学生人文素质教育与德育之关系[J].黑河学院学报,2018(5):36-37.

❷曾晨曦.高职院校人文素质教育体系研究[D].南昌:江西师范大学,2015:8;王丹.高等职业院校学生人文素质教育问题及对策研究[D].南昌:江西师范大学,2015:9.

❸杨叔子.继承传统面向未来加强素质教育[J].中国高等教育,1995(12):12.

人文知识、人文思想、鉴赏类和实践类课程的学习与思维加工,提高其文化素质和人文修养,形成高尚的品质和完善的人格,涵养人文精神,提升其可持续发展能力的活动。

第三节　研究思路与内容

一、研究思路

本书综合运用教育学、哲学、心理学等理论,采用多学科交叉研究的方法,开展理论研究及实证研究,深入分析职业院校公共基础课推进人文素质教育现状及存在的问题,探讨"互联网+"时代背景下职业院校人文素质教育的规律性,提出与信息时代相适应的职业院校通过公共基础课程推进人文素质教育的策略,促进学生人文素质的提升及高素质复合型人才的培养。

二、研究内容

本书以职业院校人文素质教育为切入点,在理论研究的基础上,对职业院校公共基础课推进人文素质教育情况开展调查研究,以便更好地发挥公共基础课在职业院校学生人文素质教育中的重要作用。具体分为以下阶段:一是开展理论研究。全面梳理国内外相关文献资料,从课程及人文素质教育问题研究入手,综合运用教育学、哲学、心理学等多学科理论加以分析研究,并在前期研究基础上制定了调查工具。二是进行调查分析。选取不同类型、不同地区职业院校教师、学生进行问卷调查,使用SPSS20.0等工具对问卷进行分析,开展实证研究,通过数据挖掘,了解现状及存在的问题,得出相关结论。三是提出对策建议。结合"互联网+"时代背景及职业教育发展实际,有针对性地提出职业院校公共基础课程推进人文素质教育的改进措施及对策建议,从而促进学生人文素养的提升,促进学生全面发展。

第四节　研究意义、方法及创新点

一、研究意义

(一)理论意义

近年来,职业教育发展迅速,针对职业院校如何在公共基础课程中推进人文素质教育的研究却相对较少。本书从理论研究、现状分析及路径探索等方面进行探究,构建研究总体框架,不仅为职业院校在公共基础课程中开展人文素质教育提供理论指导,又能丰富职业教育在人才培养方面的理论内涵。

(二)实践意义

职业院校应突出职业教育的实用性与就业导向性,但一些院校过于强调教育的纯"工具性",而忽视人文素质的培养,本书结合"互联网+"时代背景开展实证研究,并提出具体、有针对性的改进措施,为更好地指导高职院校推进公共基础课程改革和人文素质教育有重要的实践意义。

二、研究方法

本书综合运用教育学、哲学、心理学等理论,采用文献研究法、问卷调查法、比较研究法等方法,通过多学科交叉研究的手段,开展理论研究及实证研究,深入分析职业院校公共基础课推进人文素质教育现状及存在的问题,探讨"互联网+"时代背景下职业院校人文素质教育的规律性,提出与信息时代相适应的职业院校通过公共基础课程推进人文素质教育的措施和途径,促进学生人文素质的提升及高素质复合型人才的培养。主要研究方法如下:

一是文献研究法。从中国知网等网站检索相关学术论文,查阅相关研究专著,对相关文献资料进行梳理,厘清目前研究现状及存在的问题。

二是问卷调查法。制定调查工具,开展问卷调查,对收集到的数据进行挖掘分析,了解职业院校公共基础课推进人文素质教育现状及存在的问题,为提出改进策略提供借鉴。

三是比较研究法。综合运用教育学、哲学、心理学等多学科理论,对中外人文素质教育、课程理论等问题进行比较研究,为进一步深入研究奠定基础。

三、研究创新点

一是在研究内容上,本书从理论研究入手,充分考量职业院校学生心理特质,发掘优秀传统文化、创新创业、职业生涯、心理健康教育等公共基础课程与培育职业院校学生人文素质的内在联系,积极探索通过公共基础课程培育学生人文素质养成的多种途径与方式,具有指导性和实践性。

二是在研究方法上,之前研究较多把目光局限到事实层面上的一般性讨论,实证研究缺乏,本书在理论研究基础上有针对性地开发调查工具,进行实证研究,并以此为依据,提出可行的改进策略。

三是在研究视角上,以"互联网+"时代背景为切入点,对职业院校公共基础课推进学生人文素质教育进行深入探究,力求发挥信息时代在线即时视频技术和共享数据技术优势,趋利避害,有效改善人文素质教育环境,提升学生人文素质。

第二章　人文素质教育研究概况

第一节　人文素质教育意义与目标研究

一、人文素质教育意义研究

2015年,连续担任第一、二、三届教育部高等学校文化素质教育指导委员会主任委员的杨叔子院士在全面推进素质教育暨全国高等学校加强文化素质教育工作20周年研讨会上指出,"文化素质教育首先是高等教育思想的重大创新","但应该看到,近几年来文化素质教育实践层面的推进遇到了一些困难,创新性不足,有些学校甚至出现倒退的情况。""文化素质教育的再出发,就是要在实践层面不断创新,巩固文化素质教育在高等教育中的基础性地位,提高文化素质教育的有效性,进而使文化素质教育常态化。"[1]2021年,杨叔子院士在接受《苏州大学学报(教育科学版)》专访时指出,文化素质教育的锋芒针对的是忽视人文教育的现象。文化素质教育的核心,是解决科学文化和人文文化交融,解决人的精神境界问题,解决做现代中国人的问题。文化素质的核心,是人文素质;人文素质的核心,是世界观、人生观、价值观问题。如何做人,始终是一条红线,贯穿于各层次教育的始终,起着最为基础性的作用。[2]

顾明远、张楚廷、吴志功、杨华、任晓龙等研究者对人文素质教育的重要意义等基本问题进行了深入剖析,他们阐释了人文素质教育的重要地位和作用,人文素质教育的起源和内涵,素质教育的一些基本、深层次及操作层面上的问题,正

---

[1] 杨叔子.文化素质教育的再认识与再出发——纪念我国文化素质教育工作开展20周年[J].中国高教研究,2015(6):7-11.

[2] 杨叔子,肖海涛.文化素质教育是中国教育理论和实践的创新——杨叔子院士专访[J].苏州大学学报(教育科学版),2021(2):51-57.

确认识科学和人文素质教育的关系,人文精神体现在哪里,知识经济时代提出全面培养人的综合素质的客观要求呼唤人文精神的回归,以及在专业教学中促进科学教育与人文素质教育融合等方面问题。●

美国著名教育家科南特(J. B. Conant)指出,通识教育的核心是自由和人文传统的延续,与博雅教育有精英教育的内涵、为贵族和精英提供教育不同,通识教育倾向公民教育,主张文理科基础教育是通识教育的核心,应为社会所有公民提供人文、自然和社会科学教育。●

卫斯廉大学校长罗斯(Michael S. Roth)认为,开展人文素质教育和艺术实践是美国教育优秀的传统,通过在各级各类学校开展人文、社会科学和自然科学教育,提高了学生创新能力和综合素质,学生的潜力和创造力得到了挖掘,这一传统丰富了美国几代人的学习生活,是美国教育取得非凡成绩最广泛、最务实的经验,也是美国经济社会发展的不竭动力,但当前,依附于旧经济体制的实用主义在教育领域有抬头的趋势,任由这一现象发展,势必将使美国"走向失败"。●

从亚里士多德的《政治学》、托马斯·莫尔的《乌托邦》及卢梭的《爱弥儿》,到牛津大学校长纽曼的《大学的理想》、李凯尔特的《文化科学与自然科学》、皮亚杰的《人文科学认识论》以及阿兰·布卢姆的《人文教育危机》,西方诸多学者从自由主义教育传统出发,对人文素质教育、学科和知识谱系、大学的理想与担当、人文与科学的关系等方面问题做了深入而系统的研究。

联合国教科文组织多次发布全球性报告,对人文主义教育观等人文素质教育核心问题进行了阐述。2015 年,联合国教科文组织发布的《反思教育:向"全

●顾明远.高等教育与人文精神[J].高等教育研究,2002(1):24-26;张楚廷.人文素质教育的教育学原理[J].湖南文理学院学报(社会科学版),2003(6):1-4;吴志功.高师大学生素质教育的理论与实践[J].湖南文理学院学报(社会科学版),2003(6):8-13;杨华.人文素质教育融入高校创新创业教育刍议[J].学校党建与思想教育,2021(4):87-88;任晓龙.以职业发展为导向构建应用型本科院校人文素质教育体系[J].北华航天工业学院学报,2020(2)40-42.

●CONANT J B. My several Lives: Memories of A Social Inventor[M]. New York: Harper & Row Publisher, 1970:365-367.

● Roth M S. Creative, Humanistic, and Pragmatic: Liberal Education in America[EB/OL]. [2020-03-06]. https://www.aacu.org/publications-research/periodicals/creative-humanistic-and-pragmatic-liberal-education-america.

球共同利益"的理念转变》报告指出,报告是在人文主义教育观和发展观的启迪下完成的作品,以尊重生命和人类尊严、权利平等、社会正义、文化多样性、国际团结和为创造可持续的未来承担共同责任为基础,而这些正是人性的基本共同点。❶2020年1月,联合国教科文组织发布《学习的人文主义未来:联合国教科文组织和姊妹大学网络的观点》报告,其中收录了文化与环境、公民责任心、重新定位教育体系、创新与科技、知识与变革5个方面共48篇文章,报告批判了当下的教育等级制度、教育消费主义以及传统人文主义,联合国教科文组织文化遗产和可持续性旅游主席瓜迪亚(Guardia)认为,大学将工作重点放在排名、指标和满意度水平上;在课程设置上减少了社会科学和人文学科,而科学和技术课程则逐渐增多。报告特别强调将哲学、人权、社会情感能力、媒体素养和人文学科融入学校课程。❷

二、人文素质教育目标研究

人文素质教育目标对开展人文素质教育活动的总体设想和规格进行了规定,它受到各国政治、经济、文化和社会发展状况的影响与制约,不同时期人文素质教育目标存在一定差异。

西周时期,我国已经建立了国学、乡学两类较为完备的学校制度,教育内容以礼、乐、射、御、书、数"六艺"为主,这些教育内容体现了西周统治者对所要培养人才的目标要求,既要掌握一定的政治道德和伦理修养,能够调节统治阶级内部关系,巩固统治阶级宗法制的社会结构,也要从事军事训练,具有镇压人民、抵抗外来入侵者的能力,成为文武兼备的统治阶级保家卫国的工具。

古希腊时期,智者学派创造了文法、修辞、辩证法,柏拉图增加了天文和音乐等科目,统称为"七艺",是基础课程,其主要目的是通过用人文学科对公民开展自由教育,培养符合社会需要的"自由人"。在一些西方国家,自由教育有时被看作博雅教育、人文素质教育和通才教育等,是西方教育的基础。文艺复兴时期,

❶汤晓蒙,黄静潇.人文主义教育观的重申——联合国教科文组织《反思教育》报告解读[J].高教探索,2017(8):49-53.

❷连爱伦,王清涛,张际平.教育的未来:学会成长——联合国教科文组织《学习的人文主义未来》报告述评[J].全球教育展望,2021(4):80-89.

人文学科得以广泛传播，通识基础课程备受关注，其成就包括文学、艺术、哲学、教育等多个方面，弗吉里奥（Vergerio P. P.）认为，人文主义教育的目的在于对青少年开设通识基础课程、开展通才教育以培养身心全面发展的人，文艺复兴扫荡了中世纪教育的阴霾，开欧洲近代教育之先河。❶

随着生产力和科学技术的发展，产业结构的变化，带来了生活方式、思维方式和价值观念的巨大变化，人的个性发展问题在我国被提到了前所未有的高度。刘志明、李杨威等将高职院校人文素质教育的目标定位为促成教育对象成为会学习、会做人、会做事、会处事，受社会欢迎的全面发展的"职业人"，而不是"工具人"。❷丰坤武认为，针对高职院校学制较短，学生文化基础较差，培养的是一线技术应用型人才的特点，高职院校人文素质教育的目标应确定为"把握自我、尊重他人、报效社会、善待自然"四个方面。❸李小贤认为，人文素质教育即教"人之所以为人之道"，笼统地讲是对学生进行人文的濡染与涵化的教育；具体来说是通过夯实学生的人文知识底蕴，涵养学生的人文精神，锤炼学生的人文行为，提升学生的人格、气质、修养，把学生培养成为知识面广，思维活跃，具有科学的世界观、人生观、价值观，知书达理的人的教育过程。❹程碧英指出，人文素质教育是应用型人才培养不可或缺的重要组成部分，人文素质教育能进一步深化学生专业技能培养，提升学生综合素质，激发学生精神动力，锤炼学生人文品格。❺姚志友、刘传俊认为，人文素质教育是素质教育中的一部分，也是素质教育的基础，人文素质教育的目标是有利于学生科学的世界观、积极的人生观和正确的价值观的形成，学会正确对待自己，对待他人、集体、社会、国家乃至全人类，学会正确对待人类与自然的和谐，形成完善的人格。❻《关于加强大学生文化素质教育的若干意见》强调，要采取多种途径与方式，加强文化素质教育，确立知识、能力、

---

❶吴式颖. 外国教育史教程[M]. 北京：人民教育出版社，2015：155-159.

❷刘志明，李杨威，刘悦. 论高职院校人文素质教育的目标和要求[J]. 思想教育研究，2008（5）：58-60.

❸丰坤武. 高职院校人文素质教育的目标定位[J]. 南通职业大学学报，2007（2）：37-43.

❹李小贤. 应用型高校人文素质教育三域协同体系研究[J]. 河北广播电视大学学报，2021（3）：95-98.

❺程碧英. 转型高校应用型人才人文素质教育改革的优化路径[J]. 内江师范学院学报，2021（5）：78-82.

❻姚志友，刘传俊. 大学人文素质教育：缘起、意蕴及实现路径[J]. 中国农业教育，2014（2）：9-14.

素质协调发展、共同提高的人才观,从而实现教育的整体优化,最终达到教书育人、管理育人、服务育人、环境育人的目的。❶

第二节　人文素质教育研究现状

一、人文素质教育分阶段研究

我国实行学前教育、初等教育、中等教育、高等教育的学校教育制度。本节主要对研究生、本科、高职及中职教育阶段人文素质教育情况进行研究。

研究生教育是我国教育结构中最高层次的教育,顾钰民、周小军、殷立荣、王建胜、江宁对研究生阶段学生开展人文素质教育进行研究后认为,随着研究生的扩招,研究生们的素质呈现下降趋势,各学校重视专业教育、人文素质教育体系不完善、忽视人文素质教育现象比较显著,使得研究生人文素质低下。人文素质教育是推进研究生素质教育的一条重要途径,中国优秀传统文化在研究生人文素质教育中发挥着重要作用,研究生应该掌握人文知识,完善个人的知识结构、人格和人文精神,以利于成才。❷

本科是高等教育阶段基本的组成部分,张晶、任晓龙、李红琼、王宪玲认为,着力培养信念执着、品德优良、知识丰富、本领过硬的高素质专门人才和拔尖创新人才是人才培养的目标,加强人文素质教育是实现本科高校人才培养目标的一个重要方面,但随着高等教育大众化的到来,个性自由、个性解放等个性化趋势的出现,本科院校人文素质教育改革也必然受到很大影响,尤其在应用型本科院校中面临众多的挑战,因此,本科人文素质教育不仅需要方法和途径的探讨,

---

❶教育部.关于加强大学生文化素质教育的若干意见[EB/OL].(1998-04-10)[2020-03-06].http://old.moe.gov.cn/publicfiles/business/htmlfiles/moe/moe_734/200408/2982.html.

❷顾钰民,贾青青.研究生人文素质教育探讨[J].学位与研究生教育,2004(7):8-11;周小军,王乐生,张瑾.基于传统文化的研究生人文素质教育的思考[J].中国成人教育,2016(10):97-98;殷立荣.加强高校研究生人文素质教育的思考[J].市场周刊(理论研究),2008(4):95-96;王建胜,吴旭红.文科研究生人文素质教育的缺陷与对策[J].高教与经济,2007(3):35-37;江宁.医学研究生人文素质教育存在的问题与对策研究[J].产业与科技论坛,2021(20):179-180.

还需要构建涵盖应用型本科的本科院校人文素质教育评价体系,关注人文素质教育效果评价。❶有的研究者对医学院校、地方应用型本科院校、民办本科院校、女子本科院校、以工科为主的应用型本科院校等类别本科院校人文素质教育情况进行了研究。❷科南特担任哈佛大学校长期间,组建了由教务长巴克(Paul Buck)任主席的12位委员组成的通识教育委员会,负责研究"自由社会中的通识教育目标"。科南特要求委员会的研究不是局限于对哈佛大学及美国高等教育的调查,而是要对美国教育的整体情况进行调查研究。通过两年的组织讨论、走访和听证,委员会访谈了大学校长、校友、社会工作者、工会领导人和幼儿园教师,邀请校外著名专家参与调查研究。随后,哈佛大学通识教育委员会发表了著名的《自由社会中的通识教育》,并提出了通识教育计划。❸

随着我国产业转型升级步伐的加快,作为两种教育类型之一的职业教育迎来大好发展机遇。2022年3月,教育部发布的《2021年全国教育事业统计主要结果》显示,全国共有普通高等学校3012所,其中,普通本科学校1238所;本科层次职业学校32所;高职(专科)院校1486所,高等职业教育在高等教育阶段无论是院校数量还是学生数量占比均超过半数。❹

在高职教育规模不断扩张的同时,如何提高高职院校人才培养质量及人文素质质量备受关注。李红霞、常雪花、高宝立等研究者对高职院校学生人文素质

---

❶张晶,李文静.论本科教育中人文素质教育与科学素质教育的融合[J].大学教育,2014(4):21-24;任晓龙.以职业发展为导向构建应用型本科院校人文素质教育体系[J].北华航天工业学院学报,2020(2):40-42;李红琼,周先娥.个性发展趋势及其对农林本科院校人文素质教育改革的要求[J].高等农业教育,1998(6):14-16;王宪玲,陈立媛,赵丽娜等.应用型本科院校加强人文素质教育的思考[J].教书育人,2009(21):22-23.

❷龚荷诗.河南省高等医学院校医学人文教育的现状及对策探究[J].西部素质教育,2019(6):58-59;吴云峰.对地方应用型本科院校人文素质教育途径的思考[J].新余学院学报,2018(5):118-121;徐兴林,谭春波,孟广东等.民办本科院校人文素质教育问题分析及对策探究[J].山东社会科学,2016(S1):271-273;梁小燕.女子本科院校的人文素质教育[J].学习月刊,2012(12):103-104;王晓红.关于工程应用型本科院校大学生人文素质教育评价的思考[J].中国电力教育,2003(3-4):55-58.

❸张家勇.哈佛大学本科生课程改革研究[M].广州:广东教育出版社,2011:166-168.

❹教育部.2021年全国教育事业统计主要结果[EB/OL].(2022-03-01)[2022-03-08].http://www.moe.gov.cn/jyb_xwfb/gzdt_gzdt/s5987/202203/t20220301_603262.html.

现状进行了分析,研究发现,我国高职教育人文素质教育现状不容乐观,存在偏重专业课而轻视甚至忽略人文学科的建设,师资及配套教学资源配置不足,部分职业院校课程设置不尽合理,公共基础课程在人文素质教育中的核心地位未能体现,师生对人文素质教育重要性认识程度不足,学生综合素质评价体系少有完善,难以彰显高职教育特点,人文素质教育方式方法不当,校园文化活动参与度不高,学生人文知识的学习兴趣不浓,人文社会科学知识欠缺,心理素质存在缺陷,缺少创新精神,人文精神淡泊,缺乏崇高的理想信仰,人生价值取向功利化,社会责任感弱化现象。❶

美国学者科恩(Cohen A. M.)、布拉沃(Brawer F. B.)指出,在美国,20世纪70年代以来,社区学院提出要将人文素质教育放在极为重要的位置,把素质教育和职业教育结合起来共同提高人文素质教育在教育中的整体地位。加州社区学院的学生一般在两年内要修满60个学分,其中社会科学9个,自然科学9个,人文科学9个,专业课24个,文化课至少3个。❷美国学者玛丽(Mary L. Hermann)等指出,21世纪给各行各业带来了巨大的挑战,这些挑战来源于道德和司法问题、全球意识、科学进步、不断增加的客户多样性、市场驱动的政策,以及不断增长的知识、不断扩大的技术,当代学生急需具有负责任、同情心、民主意识及人文视角下的批判性思维能力,而这些素质也是当代学生所缺乏的。❸

❶李红霞.高职院校人文素质教育网络在线课程建设探究[J].辽宁高职学报,2017(10):72-74;常雪花,付玉东,高少强.高职院校专业技能教学中融入人文素质教育的基本问题探析[J].石家庄铁路职业技术学院学报,2019(2):96-98;高宝立.高等职业院校人文教育问题研究[D].厦门:厦门大学,2007(10):35-36;牟忠城.高职院校学生人文素质教育以职业发展为导向构建应用型本科院校人文素质教育体系存在的问题及原因分析[J].知识经济,2018(1):35-36;刘佩云.高职院校人文素质教育存的在问题及解决对策[J].科教导刊,2018(1):12-13;王志凤.高职人文素质教育现状及对策分析[J].教育与职业,2015(16):46-47;熊志强.高职医学生人文素质教育现状与对策[J].山西高等学校社会科学学报,2015(8):85-88;赵娅.高职生人文素质教育现状调查[J].教育与职业,2012(31):54-55;史明艳,张艳.高职院校人文素质教育现状调查[J].继续教育研究,2011(9):50-52;陈娇娥."中国梦"对高职学生人文素质教育的启示[J].山东农业工程学院学报,2017(8):54-55.

❷COHEN,BRAWE.The American Community College [M]. San Francisco:Jossey Bass Publishers.1996.

❸ HERMANN M L. Linking Liberal and Professional Learning in Nursing Education [EB/OL]. (2004)[2020-03-09]. https://www. aacu. org/publications-research/periodicals/linking-liberal-and-professional-learning-nursing-education.

　　中等职业教育是职业教育的重要组成部分,主要包括普通中等专业学校、职业高中、技工学校、成人中等专业学校等。教育部2021年统计数据显示,全国高中阶段教育共有学校2.19万所,高中阶段毛入学率91.40%,其中普通高中1.46万所,中等职业教育共有学校0.73万所❶,中等职业教育学校占全国高中阶段学校的比例为30%,本书主要综述研究者对中等职业教育人文素质教育研究情况。孟庆英❷以唐山市四所中职学校为例对中等职业学校人文素质教育的现状及对策进行了研究;曾炼❸就如何促进人文素质教育与中职思想政治教育的融合提出了应对策略;熊薇❹以石家庄市中职学校为对象进行了研究;王芳❺以天津市仪表无线电工业学校的5个重点专业为对象,通过215份调查问卷对中等职业院校人文素质教育现状进行了分析,并从国家层面、学校层面、个人层面提出加强中等职业学校人文素质教育的建议。还有研究者分析了人文素质教育与职业技能培养的相容性❻,艺术类院校、护理专业如何开展人文素质教育❼,汉语言文学、思想政治、体育教学在人文素质教育中的重要性及加强人文素质教育的思考。❽

❶教育部.2021年全国教育事业统计主要结果[EB/OL].(2022-03-01)[2022-03-08].http://www.moe.gov.cn/jyb_xwfb/gzdt_gzdt/s5987/202203/t20220301_603262.html..http://www.moe.gov.cn/jyb_sjzl/sjzl_fztjgb/201907/t20190724_392041.html.

❷孟庆英.中等职业学校人文素质教育的现状及对策研究[D].秦皇岛:河北科技师范学院,2017:19-39.

❸曾炼.人文素质教育与中职思想政治教育的融合[J].中国多媒体与网络教学学报(中旬刊),2021(6):21-23.

❹熊薇.中等职业学校人文素质教育研究[D].石家庄:河北师范大学,2016:29-35.

❺王芳.中职学生人文素质教育的问题与对策研究[D].天津:天津职业技术师范大学,2018:24-29.

❻窦本洋,高霏霏,李伟宁等.新视角下中等职业学校人文素质教育与职业技能培养的相容性研究[J].科技风,2019(16):47.

❼程中月.艺术院校人文素质教育的重要性与开展研究[J].文化产业,2022(8):22-24;蒋琼.中职护理专业人文素质教育现状及对策[J].职业,2021(9):46-47.

❽孙牧.人文素质教育与汉语言文学教学的融合及对策分析[J].发明与创新(职业教育),2021(6):1-2;刘桂芹.中职思想政治教育中的人文素质教育研究[J].现代职业教育,2021(37):172-173;步卫华.人文素质教育在中专体育教学中的融合[J].现代职业教育,2021(16):118-119.

二、人文素质教育改进对策研究

研究者对人文素质教育现状进行了定性和定量研究,提出人文素质教育存在的问题,并据此提出了解决策略。任晓龙、李小贤、程碧英、何欢等研究者对改进应用型高校人文素质教育提出了如下建议:一是树立人本教育理念,坚持育人为本,提升人文素质教育的地位;二是从学生的需求及未来发展入手,加强教育规划;三是遵循应用型人才培养规律优化课程体系,创建人文素质教育课程群;四是创建人文素质教育实践基地,加强人文素质教育资源的整合。❶

王志凤、裴添添、陈虹、陈景森、汪雪梅、伏斐认为,要改变人文素质教育尤其是职业院校人文素质教育现状,一要更新教育理念,提高思想认识,树立全面发展的人才质量关;二要结合职教特点,融入企业优秀文化,强化职业操守、职业道德和职业素养培养为人才培养目标定位,凸显人文素质教育内涵;三要调整课程设置,加强人文素质课程建设;四要加强考核激励,从而提高课外人文素质教育效果,提升课外素质教育效果;五要将人文素质教育内容融入专业教学,在专业教学过程中促进学生成才成人;六要加强网络人文素质教育资源共享平台建设,充分利用"互联网+"时代优势促进人文素质提升;七要凝聚各方面合力,汇聚各层面教育资源。❷

一些研究者提出通过中国优秀传统文化、创新创业教育、大学体育等方面作

❶任晓龙. 以职业发展为导向构建应用型本科院校人文素质教育体系[J]. 北华航天工业学院学报,2020(2):40-42;李小贤. 应用型高校人文素质教育三域协同体系研究[J]. 河北广播电视大学学报,2021(3):95-98;程碧英. 转型高校应用型人才人文素质教育改革的优化路径[J]. 内江师范学院学报,2021(5):78-82;何欢. 应用型工科高校人文素质教育现状及对策研究[J]. 产业与科技论坛,2020(1):125-126.

❷王志凤. 高职人文素质教育现状及对策分析[J]. 教育与职业,2015(16):46-47;裴添添,段爱旭. 高等院校护生人文素质教育的现状及对策[J]. 天津护理,2018(1):109-111;陈虹,滕春燕,邓红辉等. 高职院校人文素质教育现状及对策研究[J]. 汉字文化,2017(12):66-68;陈景森. "互联网+"时代大学生人文素质教育:挑战、机遇与途径[J]. 中国市场,2017(21):263-264;汪雪梅,金本能. 高职院校人文素质教育现状及实施途径研究[J]. 滁州职业技术学院学报,2012(1):33-35;伏斐,陈广根. 新时代高职人文素质教育研究[J]. 湖北开放职业学院学报,2021(11):14-16.

为加强人文素质教育的途径和方法。❶

《关于加强大学生文化素质教育的若干意见》强调,要通过第一课堂和第二课堂相结合,将文化素质教育贯穿于专业教育始终,加强校园人文环境建设、改善校园文化氛围,开展各种形式的社会实践活动,加强师资队伍和教材建设,加强对文化素质教育的研究与指导等多种途径与方式,加强文化素质教育。❷《关于职业院校专业人才培养方案制订与实施工作的指导意见》提出,职业院校在制订专业人才培养方案过程中,要突出职业教育的类型特点,明确学生的知识、能力和素质要求,保证培养规格。要规范课程设置,合理安排学时,强化实践环节,多措并举加快培养复合型技术技能人才。❸

第三节　人文素质教育研究的启示

由以上对人文素质教育研究的综述可见,研究者对相关问题开展了诸多有益的研究,阐释了人文素质教育意义和目标,梳理了研究生、本科、中高职各阶段教育因层次不同而出现的人文素质教育差异,剖析了职业院校重视技能训练忽视公共基础课程建设和人文素质教育的现象,以及人文素质教育当前存在的问题与困惑,为职业院校推进人文素质教育提出了许多富有建设性的对策与建议,为职业院校开展公共基础课程改革,探索人文素质教育实践提供借鉴,也对后续研究者有很大的启发和帮助。

但国家制定的宏观政策要在各级各类学校得到全面贯彻落实,使广大学生受益,还需要广大教育管理者、师生、研究者及社会各界勠力同心。从目前所搜集到的文献不难发现,当前研究还存在一定不足,有待进一步深入探究。

一是缺乏深入的实证分析。已有研究者开展了诸多定性研究,仅把目光局

---

❶同培. 中华优秀传统文化与高职人文素质教育的融合探析[J]. 知识文库,2021(22):1-3;杨华. 人文素质教育融入高校创新创业教育刍议[J]. 学校党建与思想教育,2021(4):87-88;刘新春. 大学体育教学应注重渗透人文素质教育[J]. 当代体育科技,2021(12):115-117.

❷教育部. 关于加强大学生文化素质教育的若干意见[EB/OL].［2020-03-06］. http://old.moe.gov.cn//publicfiles/business/htmlfiles/moe/moe_734/200408/2982.html.

❸教育部. 关于职业院校专业人才培养方案制订与实施工作的指导意见[EB/OL]. (2019-06-11)［2021-10-06］. http://www.moe.gov.cn/srcsite/A07/moe_953/201906/t20190618_386287.html.

限在事实层面上,较多涉及感性认识,阐述了职业院校"重技能、轻人文",学生人文社科知识和人文精神缺乏,创新精神不足等问题,但实证研究缺乏,缺少实证数据的有力支撑,现状分析不够深入,原因分析不透彻,所提解决问题的对策和建议针对性、可行性和可操作性不强,难以落到实处,实践应用价值不明显,因此,应更注重实证调查研究。

二是对公共基础课促进人文素质教育提升研究不足。在职业院校,公共基础课是加强人文素质教育,提升学生人文素质的关键。我国从《关于加强大学生文化素质教育的若干意见》《关于加强高职高专教育人才培养工作的意见》到《关于职业院校专业人才培养方案制订与实施工作的指导意见》等文件的出台,可看出越来越重视公共基础课程在提高人文素养中的重要作用。但已有研究从某一学科领域阐述提高人文素质教育质量的较多,对通过公共基础课程改革与实践促进人文素质教育的研究成果有所欠缺,因此,应加强这方面的研究,形成各门课程在公共基础课程加强人文素质教育的合力,提升人文素质教育质量。

三是"互联网+"背景下相关研究成果偏少。2022年2月,中国互联网络信息中心发布的第49次《中国互联网络发展状况统计报告》显示,我国网民规模达10.32亿人,网民通过手机接入互联网的比例高达99.7%[1],"互联网+"技术对传统教育的冲击不断显现。但已有研究对"互联网+"这一时代背景重视程度不够,因此,在对职业院校公共基础课推进人文素质教育现状进行实证研究的基础上,结合"互联网+"技术优势开展相关研究,将使研究成果更具时代性。

四是忽视了学生的主体地位和缺乏完善的考核评价体系。大多数专家学者普遍强调学校、教师的作用,而忽视了学生这一主体所发挥的重要作用,如果不能从根本上调动学生学习的主动性,学校教育很难收到很好的效果。同时,目前无论国外还是国内的研究,大部分是定性的指标,这使研究不够科学和完善。

---

[1] 中国互联网络信息中心. CNNIC发布第49次《中国互联网络发展状况统计报告》[EB/OL]. (2022-02-25)[2022-03-26]. http://www.cnnic.net.cn/gywm/xwzx/rdxw/20172017_7086/202202/t20220225_71724.htm.

第三章　人文素质教育理论研究

第一节　哲学视域下的人文素质教育研究

人才培养目标是依据国家教育目的和各类学校的性质、任务对人才培养工作提出的具体要求,它具有社会制约性,而其制定者对教育价值作出选择时往往持有一种价值倾向,站在公正、客观的立场上,作出正确的价值判断和价值选择,准确定位专业人才培养目标是职业院校制订专业人才培养方案,培养社会需要的合格人才的基础和保障。在新时代新形势下,价值哲学理论为研究职业院校价值观、人才观和质量观等问题提供了指导和借鉴,而马克思、恩格斯深刻揭示了人的片面发展的社会根源,他们关于人的全面发展理论为职业院校人才培养工作奠定了坚实的理论基础,为职业院校学生人文素质教育研究与实践提供了理论支撑。

一、价值哲学

价值哲学是探究社会事物之间价值关系的本质与发展规律的学说,而价值关系是人类生活和活动过程中一切社会关系的基础和核心。自19世纪下半叶开始,学者们将价值哲学作为哲学的一个领域或分支进行研究。马克思主义价值哲学认为,价值是客体与主体之间的一种特定关系,价值来源于客体、取决于主体、产生于实践,从主体需要的不同进行分类,价值由物质价值、精神价值和人的价值组成。在物质价值和精神价值的协调发展中实现人的价值;教育是扩展人的价值的直接手段;自我认识是扩展人的价值的重要途径。❶

就一般意义上来说,价值是表明主体和客体关系的概念,是指客观事物对人们需要的满足。客体自身的属性构成价值的客观基础,而人们对客体的需要则

---

❶李连科.价值哲学引论[M].北京:商务印书馆,2003:3-15.

构成价值的主观条件。只有能满足主体物质需要和精神需要的客体属性,才构成价值。❶也有学者认为,价值是通过主体的实践得以实现的,是客体对主体的效应或意义,它随着社会环境变化而改变,是因人而异的存在,价值的本质是客体主体化,是客体对主体的效应,价值的本质在于使主体发展完善,从根本上来说,在于能够使社会主体发展完善,使人类社会更美好。❷因此,主体和客体之间的价值关系,是在现实活动过程中作为主体的人与客体相互作用的实践中产生的,即在社会实践中确立的。价值与人们受一定社会历史条件所制约的需要、利益等因素密切相关,尤其是在阶级社会中,个人的价值观念受其所处的阶级地位、阶级立场、社会环境的影响,不同阶级因身处不同立场,对是非曲直、真假善恶等方面的价值判断有不同的评价标准。因此,价值哲学的根本使命就是站在相对公平、公正的立场上,按照一定的价值取向对人的实践行为进行价值判断。价值取向是价值哲学的重要范畴,它是指一定主体基于自己的价值观在面对或处理各种矛盾、冲突、关系时所持的基本价值立场、价值态度以及所表现出来的基本价值倾向,不同的价值思维和价值取向将对人的思想和行为产生巨大的影响。价值取向具有实践品格,它的突出作用是决定、支配主体的价值选择,因而对主体自身、主体间关系、其他主体均有重大的影响,主要从主体的需要和客体满足主体需要的情况以及如何满足主体需要的视角,判断各种物质的、精神的现象及主体的行为对个人、阶级、社会的意义。人的价值取向是在生活、学习和工作环境中学习和经历的产物,人们在工作中的各种决策判断和行为都有一定的指导思想和价值前提,价值取向的合理化是进步人类的信念。

价值哲学为职业院校人文素质教育提供了新的视角,对研究职业院校价值观、人才观、知识观、质量观等问题具有重要的意义。以价值哲学来审视教育,教育是扩展人的价值的直接手段,一方面,作为社会系统中的一个子系统,在阶级社会中,教育价值观念受生产力、生产关系、政治观点、科技发展水平、社会意识,以及人们所处的阶级地位、阶级立场的影响,它也直接影响和决定一个人的理想、信念、生活目标和追求的方向。作为一种价值判断,教育目的体现着人的价值追求,教育目的的价值取向决定着教育活动的方向。在古希腊时期,能够接受

❶龚贵先.马克思主义哲学教程新编[M].北京:中共中央党校出版社,2002:410.

❷王玉樑.21世纪价值哲学:从自发到自觉[M].北京:人民出版社,2006:7-11.

教育的都是生活资料充裕,拥有较好物质生活条件的人,他们接受教育的目的是使用闲暇时间从事理智活动,接受的是"自由教育",受教育是为了成为"自由人""有道德的人"。当今,教育从"贵族化"转为"大众化",个人的就业压力、生存竞争压力与之前有权利、有机会接受教育的人相比不可同日而语,实用主义、功利主义价值观便有充足的存在理由,职业教育应该重视专业技能训练,提升学生就业时所需要的职业技能,通过专业教育让个人在进入社会激烈的生存竞争中获胜、获益,为个人未来具有一定的生存条件提供保障,这是职业教育应有之义,很容易被接受。但职业院校价值指向作为客体的职业院校的属性与作为主体的利益相关者需要之间的一种效用关系,这里的主体是与职业院校发生效用关系的对象,包括个体主体或群体主体,即国家、政府、社会、产业、学生及家长等,而学生是主体的核心组成部分,满足学生需要、促进学生全面发展是职业院校的价值所在,因此,以学生为中心,拓展教学资源,激发学生学习动机,调动学生的学习积极性和主动性,加强人文素质教育,关注人的生存价值,重视学生个性发展,促进学生理想信念、道德品质的培养及健全人格的塑造,不失为促进学生全面自由发展的有效途径。

马克思主义人才观对人的价值进行判断时,其首要特征是进步性,真正的人才是德与才的统一体,即人才不仅要具有为经济社会发展作贡献的职业能力,还要有符合当代社会发展所应具有的品质、道德和社会责任感。当前职业院校在人才培养过程中重视专业技能、轻视人文素质的倾向较为显著,强调效用的最大化,关注职业教育的工具理性,而重视道德责任、公平正义、理性信念、精神价值等人文素质不足,对价值理性重视程度不够。工具理性为人类发展提供物质基础,价值理性为人类发展提供精神支撑,二者水乳交融,是人的理性不可分割的两翼。英国著名哲学家、社会学家和教育家赫伯特·斯宾塞认为,教育的目的是为完满生活做准备,世界上的一切活动都离不开科学知识,科学知识对生产过程的高效率和个人生活的高质量都是必需品,是最有价值的,并对传统的以哲学、拉丁文、希腊文为主要内容的古典主义知识观进行了批判。与知识价值论相应,他提出学校课程观,指出学校应开设五种课程:为准备保全自己的教育开设生理学、解剖学;为准备间接保全自己的教育开设逻辑学、数学、物理学、化学、天文学和社会学科等;为准备做父母的教育开设生理学、心理学、教育学;为准备做公民的教育开设历史、社会学；为满足个人闲暇时休息和娱乐的教育开设文学、艺术等。1996年，经济合作与发展组织在《科学、技术与产业展望》的报告中，将知识分为关于事实的知识（know what）、关于原理与规律的知识（know why）、关于技能知识（know how）及人力知识（know who）四类。古典主义知识选择观侧重哲学、修辞学、几何和音乐等人文素质教育课程的学习，实用主义知识选择观以选择使受教育者获取某些技能的"有用"专业知识和专业技能为基础，侧重知识的工具价值。职业教育不是职业技能培训机构，不仅要向受教育者传授未来获取物质资料、赖以生存的知识和技能，让他们掌握一技之长，更为重要的是要突出人文素质教育特有的价值理性，引导学生认识世界、理解自身，构建健全的人格，指引他们认识生存的意义和价值，让他们学会做人、学会生活。❶

二、人的全面发展理论

人的发展与其所处的社会生产力发展水平和政治经济制度密切相关。我国传统哲学对人的发展问题十分关注，"天人合一"是儒家的主导思想，《中庸》指出"天命之谓性，率性之谓道，修道之谓教"，从天与人、人与教育的关系进行了阐述，构建了我国传统文化的根本精神，表明人和自然在本质上是相通的，是内在统一的，应该遵循自然规律，从而实现人与自然的和谐。孔子认为，"道之以政，齐之以刑，民免而无耻；道之以德，齐之以礼，有耻且格"，提出要重视"仁政""德治"，通过加强教育工作，提高人民的道德品质，从而达到国泰民安的政治目的，实现教育的政治功能。《大学》提出教育的目标是"大学之道，在明明德，在亲民，在止于至善"，并提出实现这一目标的八个步骤是"格物、致知、诚意、正心、修身、齐家、治国、平天下"，实际上就是学习感悟儒家思想并融会贯通，提高个人道德修养，修身起着承上启下的作用，只有自身品德人格得到不断提升，才能处理好人与人、人与家国社会的关系，才有爱家、爱国的高尚品质，其思想精髓是教育应该服从于封建道德和政治，为封建统治阶级服务，其思想也得到历代统治阶级所推崇。宋朝朱熹无疑是儒学集大成者，他的理学思想不仅继承了程颐的客观唯心主义哲学思想，并且将其极大发展，成为我国封建社会后期占统治地位的思想。朱熹将教育分为"小学""大学"两个阶段，前一阶段是打基础的阶段，应该

---

❶肖毅. 高职院校通识教育与专业教育融合探究［J］. 北京教育（高教），2018（5）：23-26.

"学其事",从而知其然并养成习惯,大学阶段要达到"止于至善"的目的,他认为教育的目的和道德教育的根本任务是"存天理、灭人欲",他认为应该将道德教育置于教育的首要位置,要重视礼、乐、射、御、书、数教学,以及榜样教育、习惯养成,符合教育心理规律。蔡元培在《对于教育方针之意见》一文中提出军国民教育、实利主义教育、公民道德教育、世界观教育、美感教育五育并举的教育方针,并在《普通教育与职业教育》一文中对体、智、德、美和谐发展的主张进行了详细阐述,他所说的军国民教育并非只是体育,还包括健全人格的培养,智育不仅包括普通文化科学知识,也有对学生思维和科学态度的训练,他提出"美育兴国"的理念,创造当代的美育体系,是我国美育第一人,其教育思想是重大的进步,符合历史发展趋势,符合人的全面发展规律。❶由此可见,我国自古以来就重视人的发展问题,重视道德品质的培养,不同时期的哲学家、思想家、教育家对这个问题进行了详细深刻的阐释,体现了个人价值与社会价值、个性发展与全面发展间的辩证统一,虽有时代烙印,但不断创新,注重人与自然、社会及他人、身体与心理的和谐统一,在个人道德品行、个性修养、潜心求知、为人处世等方面发挥了重要的引导作用。

在古希腊时期,苏格拉底认为人生而有别,但无论区别大小都可以通过教育得到改进,教育的目的是培养治国人才,教育的首要任务是培养崇高的道德,教人学会做人,要懂得自制、守法及健康的重要意义,并掌握政治、伦理、几何、天文、算术等广博而实用的知识。柏拉图高度评价了教育在人的塑造中的作用,重视身心协调发展,认为道德教育的中心任务是以理性指导欲望,各种知识都有实用价值,教育要培养人从可见世界上升到可知世界,教育的目的是培养"心灵和谐达到完美的境地的人"。亚里士多德认为人的天性、习惯和理性不能经常统一,通过和谐教育可以让人的天性、习惯和理性相互协调并服从于理性,人就能形成良好的德行。法国启蒙运动思想家卢梭提出自然主义的教育理论,他认为教育应遵循自然天性,强调体脑并用、身心两健,培养摆脱封建羁绊的身心健康发展、广泛适应社会情况的社会"自然人",即自然天性获得自由发展的人。瑞士民主主义教育家裴斯泰洛齐认为人的发展必须通过教育,教育的功能是促进人的德、智、体全面发展,通过教育完美地发展人的能力,才能使人成为人格得到发

❶黄济.教育哲学通论[M].太原:山西教育出版社,2006:3-22.

展的真正独立的人,才是个性"完整的人"。同时,他还是西方教育史上第一位将教育与生产劳动相结合思想付诸实践的教育家,虽然这种结合只是一种单纯的、纯机械的外部结合,但对19世纪空想社会主义者关于教育与生产劳动相结合的设想有很大启示。19世纪,空想社会主义者圣西门、傅利叶和欧文等提出未来共产主义社会"人的个性全面协调的发展"的教育理想,但他们没有深入探究出人的片面发展的社会根源,当然也无法找到实现这一教育蓝图的现实路径,他们的教育观点中空想性质被马克思、恩格斯批判,但马克思、恩格斯也汲取了其中积极、有价值的思想成分,并逐渐形成人的全面发展理论。

　　人的全面发展理论是马克思、恩格斯教育思想中十分重要的组成部分。马克思、恩格斯首先走出空想的范畴,提出人的自由与现有的生产力直接相关,并受到生产力的约束,他们认为:"人们每次都不是在他们关于人的理想所规定和所容许的范围之内,而是在现有的生产力所规定和所容许的范围之内取得自由的。"●马克思在阐释异化劳动和私有财产的过程中,深刻揭示了在资本主义私有制下,人的片面发展和不公平的社会根源,他指出:"劳动为富人生产了奇迹般的东西,但是为工人生产了赤贫。……劳动生产了美,但是使工人变成畸形。劳动用机器代替了手工劳动,但是使一部分工人回到野蛮的劳动,并使另一部分工人变成机器。劳动生产了智慧,但是给工人生产了愚钝和痴呆。"●随着资本主义机器工业生产的发展,工人逐渐被束缚到机器上,成为机器上的一个"活的零件",他们的身体和精神上的自由被压抑,备受摧残,个人的片面发展和畸形发展也被推向顶点,但工业发展为打破旧式分工提供了可能性。马克思认为:"共产主义是私有财产即人的自我异化的积极的扬弃,因而是通过人并且为了人而对人的本质的真正占有……"●同时,马克思、恩格斯还指出:"发展不断地进行着,单个人的历史不能脱离他以前的或同时代的个人的历史,而是由这种历史决定的。……私有制只有在个人得到全面发展的条件下才能消灭……在共产主义社会,即在个人的独创的和自由的发展不再是一句空话的唯一的社会中……"●可见,人是

●马克思,恩格斯.德意志意识形态[M].北京:人民出版社,2005:96.

●马克思.1844年经济学哲学手稿[M].北京:人民出版社,2006:54.

●同●:81.

●同●:99-100.

现实社会中的人,必须以现实的社会生活条件为基础,人的全面发展,是一个历史发展的过程,人的全面发展和实现共产主义互为条件,废除私有制、全面占有生产力使个人成为社会和自身的主人,为人的全面、自由发展和人文素质提升提供了基础,人的全面发展为消灭私有制提供了条件,当然,人的全面发展不是孤立个人的全面发展,而是需要每个人的自由的、充分的发展,每个人个性的发展、人文素质得到提升,才能实现一切人的自由、全面的发展,只有在共产主义社会才能让社会所有人的全面发展付诸实践。马克思、恩格斯关于人的全面发展理论为职业院校人文素质教育研究与实践指明了方向。推动人的全面发展是教育的时代使命,人文素质教育是全面发展理论的具体体现,即将全面发展理论落实到实践中,落实到每位学生身上,只有推进人文素质教育才能促进职业院校学生人文素质的提高,只有职业院校每个学生人文素质得到自由、全面的发展提高,才能更好地实现一切人的自由、全面发展,达成培养德智体美劳全面发展的社会主义建设者和接班人的目标。

第二节　心理学和教育学视域下的 人文素质教育研究

从心理学视域来看,人本主义理论肯定了人的价值和个体尊严,重视激发学生学习动机,启发学生自我实现的潜能,提出人才培养的目标是发展学生个性,培养健全的人格和品德修养;建构主义理论提出自主建构的知识观,认为教师是学生学习的指导者和支持者,应为学生创设学习情境,鼓励学生在学习情境中"发现"知识结构和规律。终身教育思想强调通过构建全时空性的个人发展体系,达成"学会生存""学会学习""学会关心"的教育理念。这些理论虽自成流派,却从不同视角阐释了学生在教育教学活动中的重要地位,以促进学生全面协调发展为目标,这与人文素质教育目标在本质上具有一致性,为职业院校人文素质教育的推进奠定了理论基础。

一、人本主义理论

公元14世纪至17世纪的文艺复兴时期，提倡人道，肯定人的价值和尊严，宣扬人的思想解放和个性自由，使得尊崇学术和理性的观念逐渐成为一种思潮。19世纪，德国哲学家费尔巴哈在对黑格尔哲学理论批判的基础上，把人的本质视为生物学上的本质，大力倡导人的重要性，重视人的价值，认为人的绝对本质是理性、意志和心。20世纪五六十年代，人本主义心理学在美国兴起，并成为现代人本主义理论的基础，六七十年代，人本主义心理学得到迅速发展，与行为主义心理学、精神分析心理学并称为当代西方三大心理学，但人本主义心理学突破了行为主义心理学、精神分析心理学的理论范式，它主张人是不可分割的整体，应该以整个人为切入点去了解人、研究人。它重视人的正面本质和价值，发现了人的心理与本质的一致性，主张从人的本性出发研究人的心理，从心理学的视角研究人的本性、潜能、经验、动机、价值、尊严、创造力、自我选择和自我实现；它强调人的尊严、创造力和自我实现，将自我实现归结为人的潜能的发挥，而潜能是一种类似本能的性质；它明确教育的目的是促进人的自我实现，自我实现的人是身心得到全面发展，认识和情意等方面达到和谐统一的"全人"。人本主义学派的主要代表人物是马斯洛（Maslow）和罗杰斯（Rogers）。

马斯洛的人本主义心理学理论的核心是人通过"自我实现"满足多层次的需要系统，从而实现人的完美人格。他通过对人类的基本需要进行研究和分类，将之与动物的本能加以区别，提出人的动机是由人的需求决定的，人的需要是动机产生的基础和源泉，而动机又是直接推动人的行为活动的内部原因和动力，需要的强度决定动机的强度。需要是分层次发展的，按照追求目标和满足对象的不同把人的各种需要从低到高安排在一个层次序列的系统中，第一层次是生理上的需要，它是推动人们行动最首要的动力，只有这些最基本的需要得到满足，其他需要才能成为新的激励因素；第二层次是安全上的需要；第三层次是社交的需要，人人都需要通过相互交往得到彼此的关心和照顾；第四层次是尊重的需要，人们都要求个人的能力和成就得到社会的承认，从而使个人体验到自己的价值；第五层次是自我实现的需要，这是最高层次的需求，它就是希望个人能真正成为自己，实现自己的理想、抱负，成为自己所能够成为的一切，使自己逐渐趋于完美,并充分发挥自己的能力。自我实现蕴含着两层含义,一是完满人性的实现,也是完善的真正的人性的实现,包括合作、求知、创造、情感、个性等特性或潜能的充分发展;二是个人潜能或特性的实现,是作为个体差异的个人潜能的自我实现。❶马斯洛的需求层次理论在某种程度上符合人类需要发展的一般规律,理论表明,每个人具有一种天生的潜能,当人有强烈的需要的时候,人的动机越激烈,而当越高层次的需求得到满足的时候,个人的潜能得到发挥,个人的社会交往关系就越融洽,当个人的个性得到充分发展,个人的人文素质、理想信念、道德修养等综合素质得到全面发展,个人的人格和能力日趋完美,自我实现需求得到满足,个人的价值也会得到更多的体现,人的内在价值和内在潜能才能得到更好的实现。

罗杰斯认为,人有自我实现的发展潜力,也具有一种天生的自我实现的动机,一种发展自身,并不断扩充、成熟的趋力;一种不会满足已有的成就,并在积极主动的创造活动中不断超越自我的能力,它表现为一个人力图最大限度地实现自己各种潜能的趋向,即自我实现倾向。自我实现包括三个方面,即自我认定、自我评价、自我理想。自我评价应是动态的,而不是僵死不变的,遵循非指导性原则,教育应该以促进学生成长和学会学习,培养学生成为具有独特人格特征及可持续发展能力,能充分发挥作用的全面发展的"自由人"为目标,教学过程应该以学生为中心,为学生创造良好的学习氛围,尊重学生,珍惜学生,启发学生自我实现的潜能,促进学生发展个性,并形成健康的人格。在此过程中,教师要尊重学习过程中的非智力因素,以学生的自发性与主动性为学习动机,注意挖掘学生的情感、意志力、价值等学习品质,给予学生以积极的、正向的人文关怀,要信任学生并感受到被学生信任,要以真诚和理解的态度对待每一个学生,要将学习的着眼点定位于促进学习过程的发展上;学生在和谐的学习氛围里开展基于自律的学习、与同伴的互动、合作学习、自我评价,使学习成为一种自觉,促进个人人文素养和品质的完善,并渗透到广泛的生活和行为中去。❷

人本主义理论强调人的尊严、价值和人格发展,重视遵循人的潜能追求自我实现和健康人格,提出人都有追求自我实现的倾向,追求真善美的本性,通过低

---

❶车文博. 人本主义心理学[M]. 杭州:浙江教育出版社,2004.

❷Rogers C. Freedom to Learn for the 80's[M]. Columbus:Charles E. Merrill Publishing Company,1983.

层次的需要得以满足,个体的行为得到教师的关注或认可,激发学生强烈的学习动机,发挥学生个人潜能,让学生具有强烈的主动参与、自我实现的需求和愿望,形成具有个性特色的独立性和创造性,促进自身自由学习,从而促进高层次需要的实现,达成完美人格和能力的实现。相对于普通院校学生,职业院校学生经历了中考或高考的挫折,很多学生产生心理上的自卑感,缺乏自信,内心敏感脆弱,害怕失败,渴望得到尊重和理解,迫切地需要学校重视人文素质教育,为学生自我实现创造优越的人文素质教育氛围;迫切地需要教师以学生为中心,给予学生更多的人文关怀和引导沟通,关注每位学生的内心情感,尊重学生的个性差异,通过开展形式多样、内容丰富的人文素质教育活动,创造相互尊重、自由平等、愉快轻松的学习氛围,激发学生的学习兴趣,充分调动学生的积极性和主观能动性,促进学生人文素质的全面提升、完美人格的形成和自我实现。

二、建构主义理论

建构主义理论是20世纪兴起的一种试图超越现代主义与后现代思想的科学理念,它是一种关于知识和学习的理论,瑞士认知心理学家皮亚杰(Piaget)提出的认知心理学为该理论奠定了基础。苏格拉底著名的"助产术"中曾提出,"助产术"是一种有效地传授知识,达到道德教育目的的教学方法,它主张教师的作用是启发、引导学生,让学生自己通过主动思考、探究得出结论,这种方法是启发式教学和发现法的萌芽,也是建构主义理论的萌芽。韦伯(M.Weber)和齐美尔(G. Simmel)认为,人具有主动性,是主动建构社会现实的实践者,社会是人类主动建构的产物。皮亚杰认知发展理论明确提出内因和外因相互作用的发展观,他认为知识既非来自主体,也非来自客体,而是在主体与客体之间相互作用过程中构建起来的,是双向的建构过程,人的各种活动与心理操作是主客体相互作用的中介;认知结构通过同化和顺应两个基本过程逐步建构起来,同化是认知结构数量的扩充,而顺应则是认知结构性质的改变,认知个体通过同化与顺应这两种形式来达到与周围环境的平衡,并在"平衡—不平衡—新的平衡"循环往复过程中不断得到丰富、提高和发展;在知识构建过程中,教师是学生学习的指导者和促进者,学习是通过学生积极主动的意义建构和参与共同体的互动而完成的,在交互作用的过程中,学习者以自己的方式建构对于事物的理解,通过学习者之间

相互的合作而使理解更加丰富和全面,学习不是个体获得越来越多外部信息的过程,而是建构新的认知图式。●

苏联心理学家维果茨基(Lev Vygotsky)认为,知识是在参与者的共同努力与建构基础上形成的,社会互动、文化工具和各种活动构成个体的发展与学习;个体的心理是在环境与教育影响下,从低级的心理机能逐渐向高级的心理机能转化的,高级的心理机能是不断内化的结果;个体有两种发展水平,第一种是现在所处的发展水平,第二种是在有指导的情况下借助别人的帮助所达到的水平,即通过教学所获得的潜力,教学创造着"最近发展区",激起和推动学生一系列内部的发展过程,促进个体从第一个发展水平向第二个发展水平发展;他摒弃了外部动作"内化"为智力活动的理论,提出"内化"学说,即通过教学使学生掌握全人类的经验内化为学生自身的内部财富。●

乔纳森(Jonasson)提出了建构主义学习环境设计理论,重视学生对学习内容的自主建构,对学习意义的主动建构,强调兴趣、动机等有关的非智力因素在自主建构中的作用,他认为学习结果不是预先确定的,"教学"是为了促进学习,而不是控制学习,学习环境是学习资源和人际关系的一种动态组合,支撑建构性学习的学习环境应围绕支撑知识的建构和让学习者在有意义的、真实的情境中学习和应用知识;他还从建构主义的观点出发构思评价方法和标准,建构主义评价的应该是知识获得的过程,而不仅是结果,评价学习者如何进行知识建构要比评价由此产生的结果更为重要,因此,有效的评价是教学过程的一部分,教学也必须为学生提供更多的机会来显示他们的能力。同时,建构主义的学习是受到丰富的学习环境支持的,所以设计者和评价者必须考虑学生学习发生的环境,这些标准也是大多数建构主义研究者的整合性组成成分。●

由以上代表人物的观点可见,建构主义理论关于教育教学的思想主要体现在三个方面,人文素质教育是遵循职业教育高素质劳动者和技术技能人才培养目标及学生身心发展规律,引导学生通过"四类课程"学习实践和思维加工,将人

●温彭年,贾国英.建构主义理论与教学改革——建构主义学习理论综述[J].教育理论与实践,2002(5):17-22.

●林崇德.发展心理学[M].北京:人民教育出版社,1995:46-50.

●JONASSON D H.Evaluating Constructivistic Learning[J].Education Technology,1991.

文精神内化于心,提升学生人文素质,建构主义理论为职业院校探索和创新人才培养模式开拓了新视野,为推进人文素质教育提供了理论指导。

首先,自主建构的知识观。建构主义强调,知识是个体积极主动建构的产物,是学习者在不同建构环境和建构过程中,根据自己兴趣爱好、知识积累等个体因素主动建构起来的,建构知识的过程中学习者并非被动接受者和被灌输的对象,他们必须不停地与他人沟通和修正后达成共识的一种结果,因每个人所处的建构环境、建构过程及个体因素不同,知识将随着实践环境、知识结构的变化处于不断发展过程中。人文素质教育同样不仅是通过人文知识、人文思想、鉴赏类和实践类课程教学,向学生传授人文知识和人文思想,还需要学生主动进行思维加工,将所学理论知识内化为学生道德修养、艺术品质和人文精神,塑造完美的人格,并在实践中加以践行,品德修养也会随着个人知识水平和实践环境的变化不断提升,可见人文素质教育与建构主义在此存在本体与方法上的一致。

其次,师生合作的师生观。教学过程是教师和学生积极合作共同促进学生知识建构的过程,应该"以学生为中心",通过学生积极主动的建构活动来实现新知识经验的建构,教师是学生知识建构的主要辅助者和引导者,是学生学习的合作者和支持者,要从学生心理能力、经验积累和知识储备出发,组织学生展开讨论和交流,使他们掌握表达自己的见解、学会聆听、理解他人的方法,鼓励学生通过主动对话、沟通等方式与教师互动,帮助学生提高自我认知,在原有知识经验基础上建构起新的知识经验。重视实践教学是职业教育的本质要求,在实践教学过程中,教师承担着师父的职责,师生关系较为和谐,学生学习兴趣浓厚,教师示范指导学生自己动手、相互合作完成实践教学任务,可见注重师生合作和教师引导是职业院校教学的本质属性;人文素质教育需要教师师德高尚、知识渊博、治学严谨,用个人的学识言行、人文素养和完美人格率先垂范,在"三个课堂",尤其是第二课堂和第三课堂,教师发挥着引导者和支持者的角色,学生在课堂教学中既是组织者、活动的领导者,也是活动的参与者,他们的主体中心地位得到充分发挥,职业院校人文素质教育过程中师生合作的师生关系得到显著的体现。

最后,创设情境的教学观。建构主义认为,知识存在于具体的、可感知的社会实践活动中,学习者在一定的社会文化背景即"情境"下,运用学习共同体在实践活动中展开合作与交流,借助他人的帮助,利用必要的学习情境和教学辅助工作,可以使原有的知识经验同化当前学习的新知识,当原有经验不能同化新知识,就会引起"顺应"过程,对原有认知结构进行重组和改造,达到新知识意义的建构。因此,学习环境中的情境应该有利于学生意义建构,教师在教学设计过程中应该为学生创设学习情境,提供适宜的教学辅助工具,鼓励学生在学习情境中使用辅助工具亲自去"发现"知识结构和规律,从而实现意义建构。在人文素质教育过程中,教师积极为学生创设学习情境,结合学生实际,引入企事业单位丰富的企业文化和人力物力资源,开发校企合作人文素质教育实践教学项目,挖掘地方爱国主义教育基地、博物馆、校史馆、图书馆等实践场所在人文素质教育方面的作用,建立校外人文素质实践教学基地以及创客空间等实训室和孵化基地,充分利用"互联网+"时代网络便捷的优势,为学生搭建网络互动学习交流平台,开发人文素质教育在线开放课程资源、模拟仿真软件等建设,运用探究式教学、情景教学等多种教学方法开展教学,促进学生在具体的、可感知的实践教学活动中实现意义建构。

三、终身教育理论

当今世界正处于大发展、大变革、大调整时期,经济结构和社会结构的急剧变化,阶级制度和种族隔阂尚未消除,贫富分化日益严重,人类面临许多共同挑战;国内创新能力不够强,城乡区域发展差距依然较大,群众在就业、教育等方面面临不少难题,社会文明水平尚需提高,社会发展呈现诸多复杂性和不可预见性因素。而教育是扩展人的价值的直接手段,为更好地应对挑战,人们不断对教育提出新要求,要求教育能在知识、技能、精神等方面为人们可持续发展提供助力。同时,随着人工智能、虚拟现实等科学技术的迅猛发展,互联网也愈加快捷便利,现代人逐渐从繁重的体力和家务劳动中解放出来,人们拥有更多的自由支配时间,开始注重对高层次、高品质精神生活的追求。现代社会的这些变化对教育提出新的要求,也对教育思想、教育制度、教育内容、教育方法等产生重要影响。

为应对社会发展变化及人们对教育变革的需求,满足个人可持续发展的需要,20世纪60年代以来,在联合国教科文组织及其他国际机构的大力倡导、推广下,终身教育理论作为一个极为重要的教育思想在世界广泛传播,并在许多国家制定的教育方针政策和国民教育体系框架中得以体现。终身教育思想作为一种教育思想于1965年被正式提出,在当年联合国教科文组织国际成人教育促进委员会第三次会议上,法国教育家朗格朗首次以终身教育为题做了总结报告,他指出,终身教育是一系列很具体的思想、实验和成就,它包括教育的各个方面、各项内容,从一个人出生的那一刻起一直到生命终结时为止的不间断地发展,包括教育各发展阶段各个环节之间的有机联系,教育工作者对其他任何一个人能提供的帮助就是给他工具,使他能够独立思考,并逐步地形成和发展自己的个性,使个性的各个方面得到充分的表现。❶同一时期,瑞典经济学家莱恩提出了"回归教育"的设想,他主张受教育是每一个人都享有的平等权利,人的一生应是学习和工作不断交替的过程,个人可以结合自身兴趣、职业等因素在最需要学习时灵活地接受教育,国家和社会应该为个人离校和继续接受教育提供保障。1972年,国际教育发展委员会出版了《学会生存:教育世界的今天和明天》一书,明确建议将终身教育作为发达国家和发展中国家今后制定教育政策的指导原则。此后,终身教育理论备受世界各国的关注。终身教育所具有的终身性、全民性、广泛性及灵活性的特点,引发了教育目标、教育手段等方面的变革,学校教育不是单纯的知识传递和技能传授,而应贯彻人的全面发展理念。

1996年,联合国教科文组织在《教育:财富蕴藏其中》报告中,提出面向21世纪的教育理念,教育的目标是促进被教育者形成完备的人格和全面的发展,即智力、身心、责任感的全方位发展。同年,经济合作与发展组织发表了《全民终身学习》报告,提出应该动员各方面资源满足人们终身学习的愿望,从而促进每个人的自由全面发展和社会凝聚力。❷2015年,联合国教科文组织发布了《教育2030行动框架》,提出"教育2030"的总体目标为:确保全纳、公平的优质教育,使人人可以获得终身学习的机会。"教育2030"十大具体目标及其指示性策略中明确提出:到2030年,确保所有学习者获得促进可持续发展所需的知识和技能,包括通过教育实现可持续发展和可持续的生活方式、人权、性别平等、全球公民意识、理解文化多样性和文化对可持续发展的贡献。❸

❶保尔·朗格朗.终身教育引论[M].周南照,陈树清,译.北京:中国对外翻译出版公司,1985:10-16.

❷OECD:Lifelong Learning for All[EB/OL].(1996)[2020-03-08].http://www.oecdobserver.org/news/full-story.php/aid/432.

❸徐莉,王默,程换弟.全球教育向终身学习迈进的新里程——"教育2030行动框架"目标译解[J].开放教育研究.2015(6):16-25.

我国教育家叶澜认为,终身教育以能促进人的多方面终身发展和人格完善,使其有志于并有能力为创造一个更美好的世界作贡献为价值取向;以贯穿人的一生、渗透于个体生命实践各种空间的生命和活动全时空为原则,以人自身的自由全面发展作为社会发展的终极目标,是全时空性的全人发展。她提出,当代中国发展需要用"终身教育"的价值、原则和路径等尺度来衡量及推进社会与教育变革,要改变当前中国教育中不利于学生身心发展及社会期望的人才培养的应试问题,需要从课程改革、加强德育和其他思想教育等教育系统内部进行一系列改革,但系统内的改革不足以动摇社会生态环境,也需要全社会的力量。为应对当代中国发展对教育的更高需求,以及中国教育实现深度转型的需要,叶澜提出了"社会教育力"的概念,即社会所具有的教育力量,并希望社会教育力在聚通与提升中实现发展自觉。❶

综上所述,终身教育包括教育体系的各个阶段和各种方式,既有学校教育,也包含社会教育和家庭教育;既有普通教育,也包含职业教育;既有幼儿教育、青少年教育,也有成人教育、老年教育,内涵较为丰富,其目的是倡导动员全社会力量促进人们发展个性,追求完善人格和完美个性,在道德品质、身心、责任感等各方面得到全方位自由发展。终身教育理论提出后,逐渐成为各国开展教育改革的指导方针,作为终身教育的重要组成部分,一方面,我国职业教育正在完善学历教育与培训并重的现代职业教育体系,职业院校正在落实学历教育与培训并举的法定职责,按照育训结合、长短结合、内外兼修的要求,面向在校学生、退役军人、退役运动员、下岗职工、返乡农民工等全体社会成员开展创新创业、劳动教育、职业道德、职业技能等方面职业培训,积极构建保障体系为社会成员全面发展助力;另一方面,职业教育与终身教育有相契合的目的观,因此,职业院校也应推动企业和社会力量助力职业教育高质量发展,在人才培养过程中要摒弃过度工具化、功利化、专业化的现象,回归重视人的内在价值的价值追求,终身教育理论提出的"学会生存""学会学习""学会关心"理念也为人文素质教育与专业教育相结合共同促进人的全面发展指明了方向。

---

❶叶澜.终身教育视界:当代中国社会教育力的聚通与提升[J].中国教育科学,2016(3):41-67.

第四章　公共基础课人文素质教育现状调查

第一节　研究方案设计

一、研究内容与研究对象

本书中的调查方法采用实证研究,通过问卷调查的方式,收集当前职业院校学生和教师关于公共基础课人文素质教育现状有关问题的实证资料,调查获得的资料主要为定量数据。这些数据使用定量的统计分析手段,一方面,可以对样本总体进行探索性、描述性的定量研究;另一方面,可以通过统计模型在某些方面进行更深入的解释性研究,在一定程度上,研究成果可以反映当前我国职业院校公共基础课人文素质教育的真实情况,可以推论到职业院校整体情况。

本书中的研究,一方面是了解职业院校师生对人文素质教育的认识和理解;另一方面是具体把握当前职业院校公共基础课开展人文素质教育的现状。因此,问卷调查对象也相应分为两个层次:第一个层次是职业院校的教师,了解教师所认知的人文素质教育;第二个层次是职业院校的学生,了解他们对当前人文素质教育的认知和了解。

为此,研究者在前期做了大量文献研究,并对相关领域专家学者进行了访谈,厘清了人文素质、人文素质教育的内涵和外延,明确了调查问卷的维度,制定了调查问卷框架和指标,形成了调查问卷的学生版和教师版两个版本。《职业院校公共基础课人文素质教育现状调查(学生版)》分为两个部分,共计33道题。第一部分为基本信息,主要包括调查对象所在专业、就读年级及其他个人基本情况;第二部分为调查问卷主体,主要调查学生对人文素质教育的认知、人文素质教育的需求、公共基础课教学活动开展情况、评价与建议等方面内容,为了深入了解学生对开展公共基础课程改革,促进人文素质提升方面的意见和建议,问卷最后设计了开放题。《职业院校公共基础课人文素质教育现状调查(教师版)》也分为两个部分,共计21道题。第一部分为基本信息,主要包括调查对象从事的工作类别和学历情况;第二部分为调查问卷主体,主要调查教师对人文素质教育的认知、公共基础课教学活动开展情况及评价与建议等方面内容,问卷最后还设计了1道开放题。

二、抽样方法

由于本书中涉及的研究群体难以按照标准的概率抽样程序进行抽样,加之研究经费等限制,基于实际可操作的考虑,在问卷调查中选取了非概率的配额抽样方法。配额抽样虽属非概率抽样,但在方法设计上以代表研究对象总体为目的,主要针对调查对象的某些属性或特征,将总体中的所有个体分为若干类或若干层,然后在各类(层)中抽样,尽可能保证样本中各类(层)所占比例与他们在总体中所占比例一致。配额抽样假定,只要类型划分细致合理,在各类(层)中选取的样本就可以较准确地反映总体,就本研究而言,是一个可以接受的抽样方法。

本研究的配额抽样方案是根据我国职业院校的性质和师生人群进行配额,第一层配额为我国职业院校的性质;第二层配额为师生人群,教师主要分公共基础课、专业课教师,行政人员和其他人员,学生主要分专业和年级配额。配额原则:一是尽可能保证所抽样本能够在一定程度上代表教师和学生群体;二是根据教师和在校学生实际情况适当调整配额。

考虑到研究对象的性质、区域等方面的差异,项目组选取了6所职业院校开展调查,根据职业院校的性质不同,选取了3所高职院校、3所中职学校;根据地域分布情况,选取了东部地区、中部地区和西部地区院校各2所,尽量保证各区域、各类院校等均有院校在调查范围内。

在对中高职院校学生、教师调查对象的选取上突出层次性、全面性,确保调查结果的科学有效性,并能充分呈现目前职业院校公共基础课人文素质教育的真实情况。依据各院校师生人数、学生专业类别情况等确定各院校应发放的数量,并在各院校不同专业、年级内随机抽样,共发放学生问卷1200份、教师问卷170份。

三、调查过程

调查问卷的发放,由研究者根据抽样方案选定职业院校,再由这些学校中的相关教师协助在校内进行随机抽样,发放调查问卷,由相关教师和学生自行填答。项目组在对调查工具进行试测和修订的基础上,制作成纸质问卷,选择样本职业院校的教师进行培训,并通过参加培训后的教师在其学校内组织调查活动。本次调查过程中共面向1200名学生发放学生问卷1200份,回收有效问卷1169份,回收率为97.4%;面向170名教师发放教师问卷170份,回收有效问卷155份,回收率为91.2%,研究者在整个调查过程中实施监控和抽样复核,剔除了部分不合格问卷,保证样本的真实性。

四、问卷资料整理

问卷全部回收后,研究者开始问卷整理和审核工作,问卷整理采用了编制问卷编号的方式,将问卷按一定顺序统一编上序号,每个序号对应一份调查问卷,这样可将问卷数据与被调查教师和学生的基本信息联系起来用于数据分析,也方便进行数据追踪。通过对整理审核后的有效问卷进行录入、专门的数据清理工作,形成调查数据库,并采用SPSS22.0版进行统计处理。

第二节 基于学生视角的现状调查

一、调查样本的基本信息

调查在北京、安徽、湖北、陕西、内蒙古5个省、自治区、直辖市的6所中高职院校展开,经过数据筛选共得到有效样本数据1169份,样本获取的基本信息包括就读院校、专业、年级、性别、家庭居住地等信息。

(一)调查学校及有效样本分布

为了调查我国不同经济发展水平地区、不同类别的职业院校学生公共基础课人文素质教育现状,调查样本来自6所职业院校,按地域划分,A、B院校为东部地区,C、D院校为中部地区,E、F院校为西部地区,具体样本分布如表4-1所示。按学校类别区分,A、C、E为高职院校,B、D、F为中职学校,高职院校有效样本数为556份,占有效样本总数的47.6%,中职学校有效样本数为613份,占有效样本总数的52.4%。

表4-1　调查院校及样本分布

地区	院校	样本数	有效百分比/%
东部地区	A、B	438	37.5
中部地区	C、D	377	32.2
西部地区	E、F	354	30.3
合计		1169	100.0

(二)调查专业和年级分布

调查对象按照专业类别区分,主要分为文科类专业、理科类专业和艺术类专业;按年级划分,中高职院校均可以分为一年级、二年级和三年级。样本分布情况见表4-2和表4-3。

表4-2　调查专业分布

专业	样本数	有效百分比/%
文科类	351	30.0
理科类	523	44.7
艺术类	295	25.3
合计	1169	100.0

表4-3　调查年级分布表

院校类别	样本数/人			有效百分比/%			小计	
	一年级	二年级	三年级	一年级	二年级	三年级	样本数	有效百分比/%
高职院校	237	198	121	20.3	16.9	10.3	556	47.6
中职院校	221	255	137	18.9	21.8	11.7	613	52.4
合计	458	453	258	39.2	38.8	22.0	1169	100.0

从各年级样本数量看,三年级学生人数较少,其主要原因是许多三年级学生进入顶岗实习阶段,在学校的学生人数较少。

(三)调查对象性别分布情况

如图4-1所示,学生样本中男生多于女生。调查对象中共有男生630人,占有效样本总数的53.9%;女生539人,占有效样本总数的46.1%。

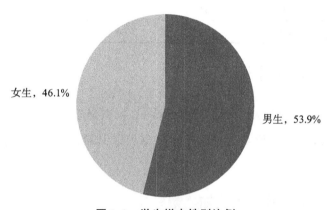

女生,46.1%

男生,53.9%

图4-1 学生样本性别比例

(四)调查对象居住地分布情况

为了解城乡调查对象对人文素质教育现状是否存在差异,问卷调查了调查对象家庭居住地情况,从表4-4调查总体数据看,居住在农村或乡镇的学生有741人,占调查对象总数的63.4%;居住在城市的有428人,占36.6%;从各地区看,调查对象农村或乡镇人数占总人数比例最高的是中部地区,调查对象城市人数占总人数比例最高的是西部地区。

表4-4 调查对象居住地情况

地区	家庭居住地	样本数	有效百分比/%	总计	
				样本数	有效百分比/%
东部地区	农村或乡镇	211	18.1	438	37.5
	城市	227	19.4		

续表

地区	家庭居住地	样本数	有效百分比/%	总计	
				样本数	有效百分比/%
中部地区	农村或乡镇	308	26.3	377	32.2
	城市	69	5.9		
西部地区	农村或乡镇	222	19.0	354	30.3
	城市	132	11.3		
小计	农村或乡镇	741	63.4	1169	100.0
	城市	428	36.6		

二、现状调查分析

本节主要从学生对人文素质教育的认知、人文素质教育的需求、公共基础课教学活动开展情况、评价与建议四个维度对公共基础课人文素质教育情况进行调查。

(一)人文素质教育的认知

人文素质教育的认知维度主要调查学生注重的人文素质教育课程、在人文素质方面尚有欠缺的课程,以及学生对人文素质教育的态度。从本书的调查数据来看,职业院校大部分学生已认识到人文素质在个人发展中的重要作用,但也存在一定程度上的重视专业教育、轻视人文素质教育的倾向。

1. 对人文素质教育课程的态度

本书将人文素质教育公共基础课程分为人文知识类、人文思想类、鉴赏类和实践类四个类别。从表4-5及图4-2的调查情况看,在关注的人文素质教育课程内容中,被调查者最关注的是人文知识类课程,有767人次选择了此选项,占总人数的65.6%;其次是人文思想类和鉴赏类课程,均达到总人数的60.0%以上;最后是实践类课程,有494人次选择了此项,占总人数的42.3%。

在对感兴趣的课程调查中,调查对象最感兴趣的公共基础课程是鉴赏类课程,选择此项的学生数占总人数的57.5%;其次是人文知识类课程,选择学生数占总人数的50.2%;最后是人文思想类和实践类课程,选择学生数分别占总人数的45.6%和43.0%。

表4-5 学生对人文素质教育课程的态度

课程类别	注重的课程			感兴趣的课程			有所欠缺的课程		
	回应数/人次	占总回应数比例/%	个案占样本总数比例/%	回应数/人次	占总回应数比例/%	个案占样本总数比例/%	回应数/人次	占总回应数比例/%	个案占样本总数比例/%
人文知识类	767	28.7	65.6	587	25.6	50.2	412	22.9	35.2
人文思想类	707	26.4	60.5	533	23.2	45.6	345	19.2	29.5
鉴赏类	705	26.4	60.3	672	29.3	57.5	492	27.3	42.1
实践类	494	18.5	42.3	503	21.9	43	551	30.6	47.1
总计	2673	100.0	—	2295	100	—	1800	100	—

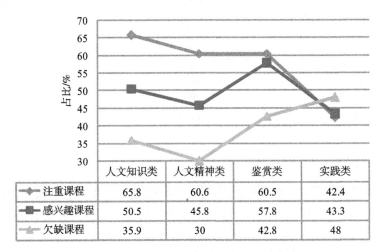

	人文知识类	人文精神类	鉴赏类	实践类
注重课程	65.8	60.6	60.5	42.4
感兴趣课程	50.5	45.8	57.5	43.3
欠缺课程	35.9	30	42.8	48

图4-2 学生对人文素质教育课程的态度

在自身人文素质方面有所欠缺的课程内容中,选择最多的是实践类课程,有551人选择了此选项,占总人数的47.1%;其次是鉴赏类课程,有492人选择了此选项,占总人数的42.1%;被调查者选择人文思想类课程的人数为345人,占总人数比例最低,为29.5%。

由此可见,当前学生对思想政治、德育等人文思想类课程注重程度较高,对自身具备这方面素质的满意度是最高的;职业院校学生将鉴赏类课程列为最感兴趣的课程,对这类课程,学生注重程度和满意度也相对较高;他们最欠缺的是对体育、信息技术、职业礼仪与沟通等实践类课程内容的学习和掌握,这与学生不注重实践类课程调查结果相一致。

2. 对人文素质作用的态度

通过对调查对象关于人文素质对一个人未来发展所起作用观点的调查,可以了解当前职业院校学生对人文素质的态度。从表4-6中的调查数据看,73.8%的调查对象认为人文素质将有助于自身更好地适应未来工作需要,对个人帮助很大;认为对未来发展基本没有帮助的为51人,占总人数的4.4%。因此,绝大部分学生能认识到人文素质对个人未来发展发挥积极促进作用。

表4-6　学生对人文素质作用的态度

观点	样本数	有效百分比/%
帮助很大	863	73.8
一般	189	16.2
基本没有帮助	51	4.4
说不清楚	66	5.6
合计	1169	100.0

3. 对加强人文素质教育的态度

从表4-7可以看出,调查对象对加强职业院校学生人文素质教育持积极的态度,认为"非常有必要"和"有必要"加强人文素质教育的人数占总人数的85.7%。

表4-7　学生对加强人文素质教育的态度

观点	样本数	有效百分比/%
非常有必要	605	51.8
有必要	396	33.9
可有可无	123	10.5
没有必要	45	3.8
合计	1169	100.0

4. 对专业教育与人文素质教育的态度

表4-8数据显示,61.0%的调查对象认为在职业院校中,专业教育与人文素质教育都很重要,都应该受到教师和学生的重视;认为专业教育与人文素质教育有主次之分的调查对象占总人数的34.0%,其中认为专业教育更重要的比例较高,达到21.3%,认为人文素质教育更重要的占总人数的12.7%。因此,从整体情况看,当前大部分学生认识到专业教育与人文素质教育在个人的发展中将起到重要作用,这与73.8%的调查对象认为人文素质有助于个人适应未来工作,85.7%的调查对象认为需要加强职业院校学生人文素质教育相互佐证。但从数据也可以看出,当前职业院校学生中重视专业教育,轻视人文素质教育的倾向也十分明显。

表4-8 学生对专业教育与人文素质教育的态度

观点	样本数	有效百分比/%
都很重要	713	61.0
专业教育更重要	249	21.3
人文素质教育更重要	148	12.7
说不清	59	5.0
合计	1169	100.0

(二)人文素质教育需求

本节通过对调查对象提升人文素质教育目标、主动性、提升途径,以及目前公共基础课和专业课教学对促进学生人文素质教育的作用等方面进行调查,进一步了解当前职业院校学生对人文素质教育的需求。

1. 人文素质教育目标

从调查对象对通过人文素质教育应该达到的目标统计数据看,总回应数为2934人次,其中选择"提高自身修养""培养创造性思维"和"促进全面发展"这三个选项的比例最高,占总回应数比例均超过20.0%,三项总和达到79.4%;占总回应数15.5%的调查对象选择了"为工作所用",占总回应数3.9%的学生选择了"为修满学分"(见图4-3)。由此可见,绝大部分学生对通过人文素质教育达成的目标持积极进取的态度。

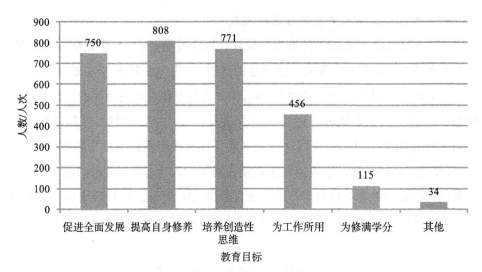

图4-3 学生的人文素质教育目标

2. 人文素质提升途径

调查从应然和实然两方面了解调查对象对人文素质提升途径的认识。从表4-9的数据看,调查对象中认为人文素质的提升主要依靠"学校培养"的有455人,占比最高,为38.9%;其次是"自身培养",选此选项的占总人数的28.5%;选择通过"家庭培养"和"社会环境熏陶"的比例相对较低。在表4-10调查对象对自身人文素质提升途径的选择中,占总回应28.9%的学生选择主要通过"课堂老师讲授";其次是通过"上网学习",占总回应人数的23.6%;其他途径占比均不到20.0%。由此可见,调查对象认为,目前职业院校学生人文素质提升主要依靠学校教育实施,而实践中,课堂教学和上网学习被认为是学生提高自身人文素质的主要途径。

表4-9 学生对人文素质提升途径的认识

提升途径	样本数	有效百分比/%
学校培养	455	38.9
家庭培养	219	18.7
自身培养	333	28.5
社会环境熏陶	162	13.9
合计	1169	100.0

表4-10 学生对自身人文素质提升途径的选择

课程类别	回应数/人次	占总回应比例/%	个案占样本总数比例/%
课堂老师讲授	818	28.9	70.0
阅读报刊书籍	538	19.0	46.0
电视广播节目	513	18.2	43.9
上网学习	667	23.6	57.1
各类讲座	292	10.3	25.0
合计	2828	100.0	—

3. 对人文素质养成所起作用

从表4-11数据来看,73.9%的调查对象认为公共基础课课堂教学对学生人文素质养成所起的作用"很大"或"较大",认为"有一定作用"的调查对象占总人数的20.8%,认为"起不了什么作用"的调查对象仅为2.0%。因此,绝大部分学生充分肯定了公共基础课程在促进职业院校学生人文素质提升中发挥的作用,这也与前面学生认为学校教育是人文素质提升的重要途径相契合,也为教育工作者发挥学校教育主渠道作用,提升职业院校学生的人文素质提供了依据。

表4-11 学生对公共基础课教学对人文素质提升作用的认识

作用	样本数	有效百分比/%
很大	469	40.1
较大	395	33.8
有一定作用	243	20.8
起不了什么作用	23	2.0
说不清	39	3.3
合计	1169	100.0

4. 专业课教师人文素质教育情况

2019年6月,教育部发布了《关于职业院校专业人才培养方案制订与实施工作的指导意见》,文件要求三年制中职总学时数不低于3000,公共基础课程学时一般占总学时的1/3;三年制高职总学时数不低于2500,公共基础课程学时应当不少于总学时的1/4。因此,职业院校2/3至3/4的课程为专业课程,将专业课程教学融入人文素质内容也是提升学生人文素质的重要途径。从表4-12中的调查情况看,目前有63.0%专业课教师能"总数"或"经常"将人文素质教育内容融入专业课程教学中,29.4%的老师"偶尔"会融入,2.3%的老师"从不"在专业课教学过程中融入人文素质教育内容。由此可见,有相当数量的教师在将人文素质教育内容融入专业课程教学方面仍有较大差距。

表4-12　专学生对课教师人文素质教育情况的反馈

程度	样本数	有效百分比/%
总是	339	29.0
经常	397	34.0
偶尔	344	29.4
从不	27	2.3
说不清楚	62	5.3
合计	1169	100.0

5. 提升人文素质主动性

学习态度与学习效果的达成程度关系密切,学生能积极主动地参与到教学活动中将对达到教学效果发挥至关重要的作用。从表4-13数据看,63.8%的调查对象希望自己能得到全面发展,在学习过程中会主动提高自身的人文素质;22.7%的调查对象认为人文素质会在个人成长过程中自然而然增长,会顺其自然;10.9%的调查对象持有实用主义观点,认为人文素质没有实质性作用,不会在学习中主动提升人文素质。从表4-14数据来看,80.5%的调查对象能认真参与到公共基础课程学习过程中去,选择"消极应付,能及格即可""无所谓"和"很不认真"的比例占总人数的19.5%。因此,有相当一部分学生学习积极性、主动性不高,学习动机不强,需要进一步改进。

表4-13　学生主动提升人文素质情况

程度	样本数	有效百分比/%
会主动提高	746	63.8
顺其自然	265	22.7
不会主动提高	128	10.9
不知道	30	2.6
合计	1169	100.0

表4-14　学生公共课程学习表现情况

程度	样本数	有效百分比/%
非常认真	448	38.3
比较认真	493	42.2
消极应付	161	13.8
无所谓	61	5.2
很不认真	6	0.5
合计	1169	100.0

(三)公共基础课教学开展情况

如前所述,公共基础课是促进人文素养提升的重要抓手,教育部要求各职业院校严格按照国家有关规定开齐开足公共基础课程。为了更详细地了解各职业院校公共基础课教学开展情况,本书从公共基础课程重要性的认识,课程开设及所开课程满意度,教学手段、教学方法、评价方式、教学资源和管理平台使用情况,教师教学态度和教学效果等11个变量来考察公共基础课教学开展现状。

1.对相关公共基础课程重要性的认识

从表4-15的数据看,"思想政治或德育课"受重视程度最高,认为它重要的占比高达85.3%;其次是"安全教育""职业规划与就业指导课""心理健康教育"和"创新创业课",均有80.0%以上的学生认为这些课程"很重要"或"较重要";但调查对象认为"劳动教育课"和"美育课"重要的比例均不到60.0%,而认为这两门课程"不重要"的比例分别为17.2%和23.5%,这与之前对人文素质教育课程注重程度的调查中,学生对人文思想类课程注重程度较高相一致,不难看出,调查对象对相关课程类别重要性认识不够,注重程度不够,从而出现相关知识和能力有所欠缺的情况。

表4-15　学生对相关公共基础课程重要性的认识

课程名称	有效百分比/%			
	很重要	较重要	一般	不重要
思想政治或德育课	54.2	31.1	10.5	4.2
语文或传统文化课	47.3	29.9	18.4	4.4
创新创业课	46.2	34.3	15.0	4.5
职业规划与就业指导课	45.9	36.0	14.0	4.1
职业礼仪与沟通课	45.8	33.6	14.4	6.2
心理健康教育	48.8	32.8	12.7	5.7
安全教育	52.1	31.1	12.6	4.2
美育课	29.7	20.7	26.1	23.5
劳动教育课	31.5	21.3	30.0	17.2

2. 相关公共基础课程开设情况

公共基础课程开设情况各校情况不一,且开设年级也存在差异,有的课程在二年级或三年级开设,因此,此题项是结合调查结果与相关职业院校人才培养方案进行统计分析的(见表4-16)。

表4-16　相关公共基础课程开设情况

课程名称	院校					
	A	B	C	D	E	F
思想政治或德育课	是	是	是	是	是	是
语文或传统文化课	是	是	否	是	是	是
创新创业课	是	否	是	是	否	是
职业规划与就业指导课	是	是	是	是	是	是
职业礼仪与沟通课	是	否	否	否	是	否
心理健康教育	是	是	是	否	是	是

续表

课程名称	院校					
	A	B	C	D	E	F
安全教育	是	是	是	是	是	是
美育课	否	是	否	否	否	否
劳动教育课	否	否	否	否	否	否

　　从表4-16中的调查结果看,"思想政治或德育课""职业规划与就业指导课"和"安全教育"所有职业院校均开设,可见各职业院校对学生思想政治教育、安全教育和就业工作普遍非常重视;"语文或传统文化课""心理健康教育"均有1所院校未开设,"创新创业课"有2所院校未开设;"职业礼仪与沟通课"有4所院校未开设;"美育课"仅有1所院校开设,而"劳动教育课"所有院校均未独立开设,部分院校将劳动教育内容融入专业课程教学,由此可见,诸多职业院校对劳动教育和美育等课程重视程度不够,亟待改进。

　　3. 对相关公共基础课程满意度的评价

　　由公共基础课程开设情况调查结果看,各职业院校在开设相关课程方面存在差异,同时相关课程开设年级间也存在不同,表4-17主要统计开设了相关课程职业院校学生的调查结果。从表4-17中的调查结果看,调查对象对"思想政治或德育课"在素质提升、知识掌握和能力提升方面的满意比例均最高,分别达到90.6%、88.1%、88.5%,而前期调查分析也发现,相比之下,调查对象对"思想政治或德育课"重要性和注重程度均最高;其次是"职业规划与就业指导课"和"安全教育",在素质提升、知识掌握和能力提升方面的满意比例均超过80.0%,而以上三门课程也是所有职业院校都开设的课程。调查对象对"美育课"在素质提升、知识掌握和能力提升方面不满意的比例均最高,分别为21.9%、18.3%和18.7%;其次是"职业礼仪与沟通课",三方面不满意比例分别为16.2%、14.6%和16.0%,这两门课程也是本次调查的8门课程中开课院校最少的课程。由于"劳动教育课"所有职业院校均没有开设,因此没有对该课程满意度进行统计。

表4-17　学生对相关公共基础课程满意度的评价　　　　　单位:%

课程名称	素质提升				知识掌握				能力提升			
	很满意	较满意	不满意	说不清	很满意	较满意	不满意	说不清	很满意	较满意	不满意	说不清
思想政治或德育课	53.2	37.4	5.6	3.8	47.0	41.1	7.5	4.4	52.1	36.4	5.8	5.7
语文或传统文化课	47.0	27.8	5.4	19.8	42.9	30.4	7.3	19.4	45.0	29.5	5.2	20.3
创新创业课	33.1	24.6	6.5	35.8	30.2	26.3	7.7	35.8	32.3	23.5	7.7	36.5
职业规划与就业指导课	48.1	35.4	10.6	5.9	42.9	39.4	11.3	6.4	46.8	37.5	8.1	7.6
职业礼仪与沟通课	42.2	35.5	16.2	6.1	37.7	41.9	14.6	5.8	36.8	32.8	16.0	14.4
心理健康教育	45.1	26.0	8.9	20.0	43.3	26.7	9.6	20.4	43.5	26.1	8.7	21.7
安全教育	50.9	31.3	12.5	5.3	46.8	35.2	11.2	6.8	47.8	33.6	11.2	7.4
美育课	35.6	28.8	21.9	13.7	36.1	30.1	18.3	15.5	39.3	26.0	18.7	16.0

4.教学手段情况

　　教学手段是教师和学生在教学过程中相互传递交流教学信息的工具、媒体或设备,随着现代科学技术的进步,大数据、人工智能等技术的发展,"互联网+职业教育"的需要,现代化教学手段在职业院校教学过程中发挥着越来越重要的作用。从表4-18中的调查数据看,教师在课堂教学中最常用的教学手段是"多媒体教学",选择此选项的比例为78.3%;其次是"慕课等网络在线教学"和"线上线下相结合的混合式教学",所选比例分别为43.7%和43.3%;选择"传统教学手段"的比例为28.5%。从对学生喜爱的教学手段调查数据看,学生最喜爱的教学手段是"多媒体教学",有622人选择了此项,占总人数的54.4%;其次是"线上线下相结合的混合式教学",有533人选择了此项,占总人数的46.6%;"慕课等网络在线教学",选择此项的学生占总人数的39.9%;选择喜欢"传统教学手段"的学生占总人数的22.4%。由此可见,在公共基础课程教学过程中,调查对象认为"多媒体教学"是教师最常用的教学手段,也是最受学生喜爱的教学手段;"传统教学手段"在教师教学过程中使用最少,也是学生喜爱度最低的教学手段。但对"线上线下相结合的混合式教学"选项,教师的使用情况和学生喜爱的选项匹配程度有一定差异,学生对此选项喜爱程度较高,但教师在教学过程中使用相对不多。

表4-18　学生对公共基础课教学手段的态度

教学手段	常用教学手段			学生喜爱教学手段		
	回应数/人次	占总回应数比例/%	个案占样本总数比例/%	回应数/人次	占总回应数比例/%	个案占样本总数比例/%
多媒体教学	908	39.9	77.7	622	32.8	53.2
慕课等网络在线教学	506	22.2	43.3	456	24.0	39.0
线上线下相结合的混合式教学	502	22.0	42.9	533	28.1	45.6
传统教学手段	330	14.5	28.2	256	13.5	21.9
其他	31	1.4	2.7	31	1.6	2.7
合计	2277	100.0	—	1898	100.0	—

5.教学方法情况

教学方法是教师引导学生掌握知识、提高能力、提升素质和获得身心全面发展的方法,它包括教师教学的方法和学生学习的方法。随着经济社会的发展和人才培养目标的转变,在长期的教学实践过程中,由于受不同理论流派和经验的影响,经过继承与改进,职业教育逐渐形成特色鲜明的教学方法。从表4-19调查数据来看,教师最常用的教学方法是"讲授法",有863名学生选择了此选项,占总人数的73.8%;其次是"小组讨论法",选此选项的学生占总人数的56.7%;选择"参观法"选项的学生比例最低,占总人数的15.3%。对调查对象喜欢的教学方法统计数据中,学生最喜欢的教学方法是"情景教学法",所选学生为563人,占总人数的比例为48.2%;其次是"小组讨论法",有536名学生选择此选项,占总人数的比例为45.9%;再次是选择"讲授法"的调查对象有412人,占总人数的比例为35.2%;选择"参观法""案例法"及"问答启发法"的调查对象占总人数的比例分别为24.0%、22.6%、21.0%,在学生喜欢的教学方法中排名靠后。

表4-19 学生对公共基础课教学方法的态度

教学方法	常用教学方法			学生喜爱教学方法		
	回应数/人次	占总回应数比例/%	个案占样本总数比例/%	回应数/人次	占总回应数比例/%	个案占样本总数比例/%
讲授法	863	28.3	73.8	412	17.7	35.2
情景教学法	575	18.9	49.2	563	24.1	48.2
小组讨论法	663	21.8	56.7	536	23.0	45.9
问答启发法	431	14.2	36.9	245	10.5	21.0
参观法	179	5.9	15.3	281	12.1	24.0
案例法	301	9.9	25.7	264	11.3	22.6
其他	29	1.0	2.5	31	1.3	2.7
合计	3041	100.0	—	2332	100.0	—

表4-20是公共基础课教学方法满意度的调查数据,调查对象对当前教师教学方法评价"很满意"和"比较满意"的学生数为740人,占总人数的63.3%;对教学方法评价为"不满意"和"很不满意"的调查对象为172人,占总人数的14.7%。

表4-20　学生对公共基础课教学方法的满意度

评价	样本数	有效百分比/%
很满意	344	29.4
比较满意	396	33.9
感觉一般	257	22.0
不满意	152	13.0
很不满意	20	1.7
合计	1169	100.0

由前文中的数据可以看出,调查对象认为教师最常使用的教学方法是"讲授法",但学生最喜欢的教学方法是"情景教学法";教师使用比例最低的是"参观法",而学生选择"问答启发法"的比例占总人数比例最低,可见教师常用的教学方法与学生喜欢的教学方法间存在一定差异。同时,调查对象对当前教师教学方法的不满意的比例也较高,后续应进一步探究。

6. 教学评价方式情况

教学评价是以促进学生发展和达成教育教学目标为中心的评价,是对教学工作质量所作的测量、分析和评定,主要包括对学生学业成绩的评价,对教师教学质量和进行课程的评价等,本书主要围绕学生学业成绩评价展开。从表4-21的调查数据来看,教师最常使用的教学评价方式是"客观性测验法",选择此选项的调查对象有675人,占总人数的比例为57.7%;其次是选择"论文式测验法"教学评价方式的学生为591人,占总人数的50.6%;接下来是选择"观察法"和"调查法"的调查对象,选择人数占总人数的比例均不到50.0%。从调查对象选择的自身喜爱的教学评价方式看,选择最多的教学评价方式是"论文式测验法",所选学生有606人,占总人数的比例为51.8%;其次是"客观性测验法",选此选项的学生占总人数的比例为43.2%;接下来是选择"观察法"和"调查法"的调查对象,占总人数比例分别为36.4%和30.5%;选择其他教学评价方式的为58人,主要列举了自我评价法和问题情景测验法。据此,教师最常用的教学评价方式是"客观性测验",学生最喜爱的评价方式是"论文式测验法",二者存在差异,其他两种教学评价方式调查排序一致。

表4-21　学生对公共基础课教学评价方式的态度

教学方法	常用评价方式			学生喜爱评价方式		
	回应数/人次	占总回应数比例/%	个案占样本总数比例/%	回应数/人次	占总回应数比例/%	个案占样本总数比例/%
论文式测验法	591	27.9	50.6	606	31.1	51.8
客观性测验法	675	31.9	57.7	505	25.9	43.2
观察法	484	22.9	41.4	426	21.8	36.4
调查法	331	15.7	28.3	356	18.2	30.5
其他	34	1.6	2.9	58	3.0	5.0
合计	2115	100.0	—	1951	100.0	—

7. 网络教学资源平台使用情况

从表4-22统计数据看,92.3%的调查对象在公共基础课学习过程中教师使用了网络教学资源平台,其中选择最多的是"学堂在线",使用人数占总人数的36.6%;其次是"爱课程",占总人数的28.8%;"超星平台""好大学在线"和"智慧树"排在其后,调查对象使用的其他网络教学资源平台还有"万门大学"等平台;选择"没有使用"网络教学资源平台的学生为90人,占总人数的7.7%。由此可见,近年来,随着现代教育信息技术的快速发展,一大批优秀的大规模开放在线课程不断涌现,"互联网+教育"逐渐走向普及,越来越多的学生使用网络共享平台,并从中获益。

表4-22　学生对网络教学资源平台在公共基础课中使用情况的回应

网络教学资源平台选择	回应数/人次	占总回应数百分比/%	个案占样本总数比例/%
爱课程	337	19.3	28.8
学堂在线	428	24.5	36.6
好大学在线	225	12.9	19.2

续表

网络教学资源 平台选择	回应数/人次	占总回应数 百分比/%	个案占样本总数 比例/%
超星平台	262	15.0	22.4
智慧树	168	9.6	14.4
其他	235	13.5	20.1
没有使用	90	5.2	7.7
合计	1745	100.0	—

8. 信息化课堂教学管理平台使用情况

在"互联网+职业教育"背景下,为优化课堂教学管理,便捷教师和学生之间的交流互动,为教育教学改革提供数据化、智能化的信息支持,利用大数据、云计算等新一代信息技术打造的信息化课堂教学管理平台应运而生,为了解公共基础课教学过程中信息化课题教学管理平台使用情况,本书设计了此项调查。从表4-23可以看出,认为教师使用信息化课堂教学管理平台的学生比例为93.6%,使用最多的是"蓝墨云班课",使用人数为640人,占总人数的比例为54.7%;其次是"雨课堂",占总人数的比例为35.1%;"智慧课堂"占总人数的比例为28.4%,有部分调查对象反馈在使用"优慕课"等平台;选择"没有使用"信息化课堂教学管理平台的学生有75人,占总人数的6.4%。

表4-23　学生对课堂教学管理平台在公共基础课教学中使用情况的回应

课程类别	回应数/人次	占总回应数比例/%	个案占样本总数 比例/%
雨课堂	410	25.8	35.1
蓝墨云班课	640	40.2	54.7
智慧课堂	332	20.9	28.4
其他	133	8.4	11.4
没有使用	75	4.7	6.4
合计	1590	100.0	—

9. 公共基础课教材满意度评价

从表4-24统计数据看,调查对象对公共基础课教材"很满意"和"比较满意"的人数占总人数的71.7%;但也有61名学生选择"不满意"和"很不满意",占总人数的比例为5.2%。

表4-24 对公共基础课教材的满意度

观点	样本数	有效百分比/%
很满意	391	33.5
比较满意	448	38.3
感觉一般	269	23.0
不满意	42	3.6
很不满意	19	1.6
合计	1169	100.0

10. 对教师教学态度和教学效果评价

表4-25是调查对象对所接触的公共基础课教师教学工作态度和教学效果的评价。首先,从教师教学态度来看,调查对象选择"非常认真"和"认真"的人数为1006人,占总人数的86.1%;选择"不认真"和"很不认真"的学生人数为21人,占总人数的1.8%,由此可见,总体来说教师的教学态度较为认真负责。其次,从教师教学效果来看,调查对象选择"很好"和"较好"的人数占总人数的80.3%;选择"不好"和"很不好"的学生人数为42人,占总人数的3.6%。

表4-25 学生对教师教学态度与教学效果的评价

教师教学态度评价指标	统计项目	教师教学效果评价指标					合计
		很好	较好	一般	不好	很不好	
非常认真	样本数	532	83	26	2	0	643
	教师教学态度内的百分比/%	82.7	12.9	4.1	0.3	0.0	100.0
	教师教学效果评价内的百分比/%	91.4	23.3	13.8	5.6	0.0	—
	占样本总数比例/%	45.5	7.1	2.2	0.2	0.0	55.0

续表

教师教学态度评价指标	统计项目	教师教学效果评价指标					合计
		很好	较好	一般	不好	很不好	
认真	样本数	43	239	70	11	0	363
	教师教学态度内的百分比/%	11.9	65.8	19.3	3.0	0.0	100.0
	教师教学效果评价内的百分比/%	7.4	67.1	37.0	30.6	0.0	—
	占样本总数比例/%	3.7	20.4	6.0	0.9	0.0	31.1
一般	样本数	7	33	82	18	2	142
	教师教学态度内的百分比/%	4.9	23.2	57.7	12.7	1.4	100.0
	教师教学效果评价内的百分比/%	1.2	9.3	43.4	50.0	33.3	—
	占样本总数比例/%	0.6	2.8	7.0	1.5	0.2	12.1
不认真	样本数	0	1	10	4	1	16
	教师教学态度内的百分比/%	0.0	6.2	62.5	25.0	6.3	100.0
	教师教学效果评价内的百分比/%	0.0	0.3	5.3	11.1	16.7	—
	占样本总数比例/%	0.0	0.1	0.9	0.3	0.1	1.4
很不认真	样本数	0	0	1	1	3	5
	教师教学态度内的百分比/%	0.0	0.0	20.0	20.0	60.0	100.0
	教师教学效果评价内的百分比/%	0.0	0.0	0.5	2.8	50.0	—
	占样本总数比例/%	0.0	0.0	0.1	0.1	0.3	0.5
合计	样本数	582	356	189	36	6	1169
	教师教学态度内的百分比/%	49.8	30.4	16.2	3.1	0.5	100.0
	教师教学效果评价内的百分比/%	100.0	100.0	100.0	100.0	100.0	—
	占样本总数比例/%	49.8	30.5	16.2	3.1	0.5	100.0

可见,对教师教学效果不满意的学生相对于对教师教学态度不满意的学生更多。从总体来看,对教师教学效果比较满意的调查对象中,仅有1人认为教师教学态度"不认真",没有人认为教师教学态度"很不认真"。对教师教学态度比较满意的调查对象中,仅有13人认为教师教学效果"不好",没有人认为教师教学效果"很不好"。

表4-26对教师教学态度与教学效果的相关性进行了分析,可以看出,二者

相关系数为0.725,存在一定的正相关关系,这说明教师的教学态度越认真,对教师教学效果的评价可能越高;相对地,教师教学态度不端正,教师的教学效果可能越差,因此,教学态度积极的教师才有可能在教学过程中取得较好的教学效果。

表4-26 教师教学态度与教学效果相关性分析表

项目		教师教学态度	教师教学效果
教师教学态度	皮尔逊相关性	1	0.725**
	显著性(双尾)		0.000
	样本数	1169	1169
教师教学效果	皮尔逊相关性	0.725**	1
	显著性(双尾)	0.000	
	样本数	1169	1169

注:**在显著水平为0.01时(双尾),相关显著。

11. 人文素质教育课实践教学活动开展情况

从图4-4可以看出,认为本校人文素质教育课程实践教学活动"效果好"的学生占总人数的52.1%;认为学校组织过实践教学活动,但效果一般的学生占总人数的30.6%;认为学校组织过实践教学活动,但效果不好的学生占总人数的4.9%。

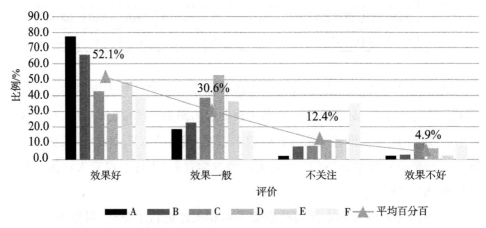

图4-4 学生对公共基础课实践教学活动开展情况的评价

同时,参与调查的各职业院校公共基础课实践教学活动开展情况差异较大,如A院校评价"效果好"的比例为78.5%,远远高于其他院校,评价"效果不好"和"不关注"的比例最低;而D院校评价"效果好"的比例仅为28.3%,F院校评价"效果不好"的比例仅为7.7%。由此可见,当前人文素质教育课程实践教学活动开展效果提升空间很大,应进一步从学生满意度高的院校总结经验,发挥示范效应,让更多院校受益。

(四)评价与建议

下面从调查对象对自身人文素质满意度的评价、个人上网时间和上网目的,以及当前本校人文素质教育存在的不足及建议等方面深入考察在"互联网+"教育背景下,当前职业院校学生人文素质及人文素质教育的现状,为开展公共基础课程改革,促进学生人文素质提升奠定基础。

1. 学生人文素质满意度评价

从表4-27可以看出,调查对象自身认为人文素质"很满意"和"比较满意"的人数为923人,占总人数的78.9%;选择"不满意"和"很不满意"选项的学生有50人,占总人数的4.3%,由此可见,有21.1%的调查对象对自身人文素质不太满意。

表4-27　学生对自身人文素质满意度评价

评价	样本数	有效百分比/%
很满意	461	39.4
比较满意	462	39.5
感觉一般	196	16.8
不满意	48	4.1
很不满意	2	0.2
合　计	1169	100.0

2. 调查对象上网情况

从表4-28调查数据可见,当前学生每天上网的时长选择最多的是"2~4小时(含4小时)",有423人选择了此选项,占总人数的36.2%;其次是"4~8小时(含8

小时)"，有 356 人选择了此选项，占总人数的 30.5%；选择每天上网"8 小时以上"的人数为 122 人，占总人数比例为 10.4%。

表4-28　学生每天上网时长

时长	样本数	有效百分比/%
2小时及以下	268	22.9
2~4小时(含4小时)	423	36.2
4~8小时(含8小时)	356	30.5
8小时以上	122	10.4
合计	1169	100.0

从表 4-29 对学生上网目的的调查数据看，选择"玩游戏，聊天或其他网上娱乐"选项的学生最多，有 1059 人，占总人数的 90.6%；其次是选择"购物"的学生占总人数的 46.0%；"利用网上学习资源学习"，选择此选项的学生人数为 415 人，占总人数的 35.5%；选择"浏览信息，了解社会"的学生占总人数的 36.8%；有 5.5%的学生上网目的是做兼职等其他活动。

表4-29　学生上网目的的分布

上网目的	回应数/人次	占总回应数比例/%	个案占样本总数比例/%
利用网上学习资源学习	415	16.6	35.5
浏览信息，了解社会	430	17.2	36.8
玩游戏，聊天或其他网上娱乐	1059	42.3	90.6
购物	538	21.5	46.0
其他	64	2.5	5.5
合　计	2506	100.0	—

2018 年，共青团中央维护青少年权益部、中国社会科学院社会学研究所以及腾讯公司针对 13~18 岁的青少年用网情况进行了调查，并联合发布了《中国青少年互联网使用及网络安全情况调研报告》(以下简称《调研报告》)。报告

显示,约半数青少年每天上网时长得到合理控制,接近半数的青少年每天上网时长都能控制在2小时以内,24%的青少年每天上网时则长达到2~4小时。[1]与《调研报告》数据相比,本次调查显示学生每天上网时长都控制在2小时以内的比例仅为22.9%,而超过两小时的比例达到77.1%。罗格斯大学和中国人民大学一项新的联合研究表明,青少年每天使用娱乐性互联网和视频游戏时间不应超过1小时,否则将导致其学习成绩明显较低。[2]而从上网目的调查结果看,选项上网"玩游戏,聊天或其他网上娱乐"的学生占总人数的90.6%,上网"利用网上学习资源学习"的学生占总人数的35.5%,在上网时间大幅度增加、上网目的主要为玩游戏或娱乐的情况下,应更重视引导学生共享网络学习资源进行学习。

3. 人文素质教育存在的不足

从表4-30调查数据看,选择本校"重专业技能训练,轻人文素质教育"的学生数最多,为716人,占总人数的比例为61.2%,这与前期对学生调查专业教育与人文素质教育的态度时,学生认为专业教育更重要的比例更高相印证;其次是选择"学校对人文素质教育不够重视"的学生数为651人,占总人数的比例为55.7%;选择认为"学生对人文素质教育不够重视"的人数占总人数的51.4%;也有学生提出了课程种类与课时安排、师资水平、学生时间和精力、教学效果不理想、教师不够重视及实践教学课时少等方面的不足。

表4-30　学生对人文素质教育存在的不足

存在不足	回应数/人次	占总回应数比例/%	个案占样本总数比例/%
重专业技能训练,轻人文素质教育	716	22.6	61.2
课程种类不丰富,课时安排少	498	15.8	42.6

---

[1]《中国青少年互联网使用及网络安全情况调研报告》发布[EB/OL]. (2018-05-31)[2020-01-06]. http://tech.cnr.cn/techgd/20180531/t20180531_524253869.shtml.

[2]青少年每天使用娱乐性互联网和视频游戏时间不应超过1小时[J]. 数据分析与知识发现,2021(10):102.

存在不足	回应数/人次	占总回应数 比例/%	个案占样本 总数比例/%
人文素质师资水平有待提高	394	12.5	33.7
学校对人文素质教育不够重视	651	20.6	55.7
学生没有时间和精力	243	7.7	20.8
学生对人文素质教育不够重视	601	19.0	51.4
其他原因	58	1.8	5.0
合计	3161	100.0	——

4. 促进学生人文素质提升举措

针对前期调查的公共基础课教学在促进学生人文素质提升中遇到的问题，在"互联网+"教育背景下，表4-31对促进学生人文素质提升举措进行了调查。从调查统计数据看，选择"提高学校、教师和学生重视程度"的人数最多，为823人，占总人数的比例为70.4%；其次是选择"教师提供更多相关网络教学资源"选项的学生数为768人，占总人数比例为65.7%；选择"使用信息化教学平台提升教学效果"的学生数占总人数的比例为54.7%；同时，也有部分学生提出在专业课程中更多融入人文素质教育内容、更好调动教师和学生教学积极性、加强学习方法引导等方法和措施。

表4-31 促进学生人文素质提升举措

提升举措	回应数/人次	占总回应数 比例/%	个案占样本 总数比例/%
教师提供更多相关网络教学资源	768	25.0	65.7
使用信息化教学平台提升教学效果	640	20.9	54.7
丰富课程种类，增加公共基础课学时	545	17.8	46.6
提高学校、教师和学生重视程度	823	26.8	70.4
提升教师素质	254	8.3	21.7
其他措施	38	1.2	3.3
合计	3068	100.0	262.4

三、不同学生群体的比较研究

(一)不同专业学生的比较

本书的调查数据显示,不同专业类别学生在对公共基础课促进人文素质教育提升的认识和理解方面基本一致,但在个别问题上的认识存在差异。

1. 不同专业类别学生对人文素质作用认识的差异

数据表明,不同专业类别的学生关于人文素质对一个人的未来发展能起到的作用的认识存在一定差异。理工类专业学生认为人文素质对人的发展"帮助很大"的人数占理工类学生总人数的77.6%,艺术类、文科类选择"帮助很大"的比例依次为75.6%、66.7%;而在选择"基本没有帮助"选项时,文科类学生选此选项的人数占文科类总人数的6.0%,理科类、艺术类学生占本专业类别学生总人数的比例分别为4.6%、2.0%。由此可见,理工类和艺术类专业类别学生对人文素质促进个人发展所起的作用认可度更高,而文科类学生对此认可度相对较低。具体数据见表4-32。

表4-32　不同专业类别学生对人文素质作用认识差异

专业类别	统计项目	对未来发展的作用				合计
		帮助很大	一般	基本没有帮助	说不清楚	
文科类	样本数	234	59	21	37	351
	专业类别内的百分比/%	66.7	16.8	6.0	10.5	100.0
	对未来发展作用内的百分比/%	27.1	31.2	41.2	56.1	—
	占样本总数的百分比/%	20.0	5.0	1.8	3.2	30.0
理工类	样本数	406	74	24	19	523
	专业类别内的百分比/%	77.6	14.1	4.6	3.6	100.0
	对未来发展作用内的百分比/%	47.0	39.2	47.1	28.8	—
	占样本总数的百分比/%	34.7	6.3	2.1	1.6	44.7
艺术类	样本数	223	56	6	10	295
	专业类别内的百分比/%	75.6	19.0	2.0	3.4	100.0

续表

专业类别	统计项目	对未来发展的作用				合计
		帮助很大	一般	基本没有帮助	说不清楚	
艺术类	对未来发展作用内的百分比/%	25.8	29.6	11.8	15.2	—
	占样本总数的百分比/%	19.1	4.8	0.5	0.9	25.2
合计	样本数	863	189	51	66	1169
	专业类别内的百分比/%	73.8	16.2	4.4	5.6	100.0
	对未来发展作用内的百分比/%	100.0	100.0	100.0	100.0	—
	占样本总数的百分比/%	73.8	16.2	4.4	5.6	100.0

这种差异主要与各专业类别教学内容有关,理工类专业是自然、科学和科技的融合,重视对数学、物理、化学、生物等学科,以及工程、信息、医学护理等方面的科学和技术的学习及实际应用,学生本身具有较为扎实的自然科学知识,对知识专业性和职业技能的要求更强,而其人文社会科学知识相对缺乏;艺术是通过捕捉与挖掘、感受与分析、整合与运用等方式对主客观对象进行感知、创造与表达展示,对学生个人审美、感受美、鉴赏美、发现美、创造美的知识和能力的要求比较高。在当代职业院校对德智体美劳全面发展的人才培养目标定位下,理工类和艺术类专业学生更能体会到人文素质对个人发展的重要,从前面对专业课教师在教学中对学生进行人文素质教育的调查数据看(见表4-32),有31.7%的教师"从不"或"偶尔"在专业课教学过程中融入人文素质教育内容,因此,他们期待通过开展公共基础课教学,促进个人人文素质提升的愿望更强烈。文科类专业侧重对政治、经济、文化、哲学等人文社会科学类知识的学习和探索,以及与人交流、沟通、管理等能力的培养,学生已经学习了较为丰富的人文知识、人文思想类课程知识,因此对人文素质教育的需求相对较小。

2. 不同专业学生对专业课教师人文素质教育方面的差异

唐代文学家、思想家韩愈在《师说》中指出,"师者,传道授业解惑也",这指明教师不只是简单的教书匠,向学生传授知识和技能,还应加强人文素质教育,引领学生健康成长与发展,引导学生树立正确的世界观、人生观、价值观,是传道、授业、解惑者，三者并列而行。作为专业课教师，义不容辞，应该在专业课程教学过程中融入思想政治教育、德育、劳动教育等人文素质教育内容。表4-33数据显示，专业课教师在日常教学过程中，文科类教师将人文素质教育内容"总是""经常"融入专业课教学内容的比例为77.7%，理工类、艺术类融入比例分别为57.3%、55.2%；而在选择"偶尔""从不"选项时，艺术类专业、理工类专业选此选项的学生占总人数的比例分别为42.1%、35.2%，文科类专业学生这一比例为18.0%。由此可见，在将人文素质内容融入专业课教学过程中，文科类专业学生对专业课教师的认可度较高，而理工类和艺术类专业学生认可度偏低。结合不同专业类别学生对人文素质作用差异比较数据，理工类和艺术类专业学生更期盼通过开展公共基础课教学促进自身人文素质的提升。

表4-33 不同专业学生对专业课教师人文素质教育的认识

专业类别	统计项目	专业课教师人文素质教育情况					合计
		总是	经常	偶尔	从不	说不清楚	
文科类	样本数	137	136	61	2	15	351
	专业类别内的百分比/%	39.0	38.7	17.4	0.6	4.3	100.0
	专业课教师人文素质教育情况内的百分比/%	40.4	34.3	17.7	7.4	24.2	—
	占样本总数的百分比/%	11.7	11.6	5.2	0.2	1.3	30.0
理工类	样本数	132	168	168	16	39	523
	专业类别内的百分比/%	25.2	32.1	32.1	3.1	7.5	100.0
	专业课教师人文素质教育情况内的百分比/%	38.9	42.3	48.8	59.3	62.9	—
	占样本总数的百分比/%	11.3	14.4	14.4	1.4	3.3	44.7
艺术类	样本数	70	93	115	9	8	295
	专业类别内的百分比/%	23.7	31.5	39.0	3.1	2.7	100.0
	专业课教师人文素质教育情况内的百分比/%	20.6	23.4	33.4	33.3	12.9	—
	占样本总数的百分比/%	6.0	8.0	9.8	0.8	0.7	25.2

续表

专业类别	统计项目	专业课教师人文素质教育情况					合计
		总是	经常	偶尔	从不	说不清楚	
合计	样本数	339	397	344	27	62	1169
	专业类别内的百分比/%	29.0	34.0	29.4	2.3	5.3	100.0
	专业课教师人文素质教育情况内的百分比/%	100.0	100.0	100.0	100.0	100.0	—
	占样本总数的百分比/%	29.0	34.0	29.4	2.3	5.3	100.0

3. 不同专业学生对公共基础课教学在人文素质养成所起作用方面的差异

通过表4-34可以更清晰地看出不同专业学生在公共基础课程教学对学生人文素质的养成方面所起作用的观点。表4-34数据显示,理工类专业学生认为公共基础课对人文素质提升作用"很大""较大"的人数占理工类总人数的76.5%,艺术类、文科类专业学生这一统计数据分别为74.9%、69.2%;从选择"起不了什么作用"这一选项的统计数据看,文科类专业学生选此选项人数占本专业类别总人数的3.1%,理工类、艺术类专业学生这一比例为1.1%、2.0%。综上数据可以看出,整体来看,各专业类别认为公共基础课程教学对学生人文素质养成所起的作用突出,但相比之下,理工类学生对此观点认可度最高,其次是艺术类专业学生,而文科类学生对此认可度相对较低。

表4-34　不同专业学生对公共基础课教学在人文素质养成作用的认识

专业类别	统计项目	对人文素质养成所起的作用					合计
		很大	较大	有一定作用	起不了什么作用	说不清	
文科类	样本数	145	98	89	11	8	351
	专业类别内的百分比/%	41.3	27.9	25.4	3.1	2.3	100.0
	对人文素质养成所起的作用内的百分比/%	30.9	24.8	36.6	47.8	20.5	—
	占样本总数的百分比/%	12.4	8.4	7.6	0.9	0.7	30.0

续表

专业类别	统计项目	对人文素质养成所起的作用					合计
		很大	较大	有一定作用	起不了什么作用	说不清	
理工类	样本数	213	187	91	6	26	523
	专业类别内的百分比/%	40.7	35.8	17.4	1.1	5.0	100.0
	对人文素质养成所起的作用内的百分比/%	45.4	47.3	37.4	26.1	66.7	—
	占样本总数的百分比/%	18.2	16.0	7.8	0.5	2.2	44.7
艺术类	样本数	111	110	63	6	5	295
	专业类别内的百分比/%	37.6	37.3	21.4	2.0	1.7	100.0
	对人文素质养成所起的作用内的百分比/%	23.7	27.8	25.9	26.1	12.8	—
	占样本总数的百分比/%	9.5	9.4	5.4	0.5	0.4	25.2
合计	样本数	469	395	243	23	39	1169
	专业类别内的百分比/%	40.1	33.8	20.8	2.0	3.3	100.0
	对人文素质养成所起的作用内的百分比/%	100.0	100.0	100.0	100.0	100.0	—
	占样本总数的百分比/%	40.1	33.8	20.8	2.0	3.3	100.0

(二)不同年级学生的比较

1. 不同年级学生对专业教育和人文素质教育的态度比较

《关于职业院校专业人才培养方案制订与实施工作的指导意见》中明确指出,要健全德技并修、工学结合育人机制,构建德智体美劳全面发展的人才培养体系,加快培养复合型技术技能人才。因此,职业院校必须坚持专业教育和人文素质教育并修,才能培养全面发展的新时代社会主义建设者。表4-35的调查数据显示,各年级学生选择专业教育和人文素质教育"都很重要"的人数占各年级总人数的比例都是最高的,均超过50.0%;不同年级学生选择"专业教育更重要"选项的人数与各年级总人数的比例差异明显,一年级至三年级这一比例分别为18.3%、21.6%、26.0%。由此可见,各年级学生总体对专业教育和人文素质教育都很重视,但相比之下,随着年级的增长,学生对专业教育重视程度不断增加。

出现这种现象或许与各职业院校教学计划安排和当前就业形势密切相关。本书调查发现,各职业院校教学计划中一年级一般以开设公共基础课为主,适当开设专业基础课程;到二年级以专业课程为主,并增加了专业实训的内容;《关于职业院校专业人才培养方案制订与实施工作的指导意见》规定:学生顶岗实习时间一般为6个月,而大多数院校将顶岗实习安排在三年级,学生将赴行业企业顶岗实习,并会在三年级择业,毕业后走向工作岗位。2021年11月,教育部发布的《关于做好2022届全国普通高校毕业生就业创业工作的通知》指出,2022届普通高校毕业生规模、增量创历史新高,就业形势复杂严峻。同期,教育部、人力资源和社会保障部召开了2022届全国普通高校毕业生就业创业工作网络视频会议,会议指出,2022届高校毕业生规模预计1076万人,同比增加167万人。在就业压力不断加大的情况下,更多的学生努力提升专业技能,力争通过自身的一技之长在择业中获得理想的工作岗位。

表4-35 不同年级学生对专业教育和人文素质教育态度的认识

年级	统计项目	专业教育与人文素质教育				合计
		都很重要	专业教育更重要	人文素质教育更重要	说不清	
一年级	样本数	281	84	65	28	458
	年级内的百分比/%	61.4	18.3	14.2	6.1	100.0
	专业教育与人文素质教育内的百分比/%	39.4	33.7	43.9	47.5	39.2
	占样本总数的百分比/%	24.0	7.2	5.6	2.4	39.2
二年级	样本数	288	98	44	23	453
	年级内的百分比/%	63.6	21.6	9.7	5.1	100.0
	专业教育与人文素质教育内的百分比/%	40.4	39.4	29.7	39.0	38.8
	占样本总数的百分比/%	24.6	8.4	3.8	2.0	38.8
三年级	样本数	144	67	39	8	258
	年级内的百分比/%	55.8	26.0	15.1	3.1	100.0

续表

年级	统计项目	专业教育与人文素质教育				合计
		都很重要	专业教育更重要	人文素质教育更重要	说不清	
三年级	专业教育与人文素质教育内的百分比/%	20.2	26.9	26.4	13.6	22.1
	占样本总数的百分比/%	12.3	5.7	3.3	0.7	22.1
合计	样本数	713	249	148	59	1169
	年级内的百分比/%	61.0	21.3	12.7	5.0	100.0
	专业教育与人文素质教育内的百分比/%	100.0	100.0	100.0	100.0	100.0
	占样本总数的百分比/%	61.0	21.3	12.7	5.0	100.0

2. 不同年级学生每天上网时间比较

从图4-5中的数据分析可以看出,不同年级学生在"4小时及以下""4小时以上"两个时间段上网比例存在显著差异,随着年级的增长,"4小时及以下"时间段上网学生数占各年级总学生数的比例在不断下降,而"4小时以上"时间段上网学生比例在显著上升,从一年级的36.7%上升到三年级的47.3%。

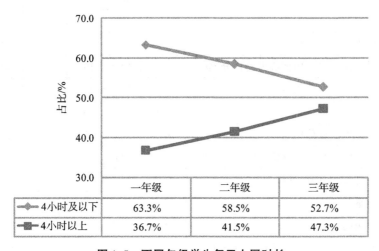

	一年级	二年级	三年级
◆ 4小时及以下	63.3%	58.5%	52.7%
■ 4小时以上	36.7%	41.5%	47.3%

图4-5　不同年级学生每天上网时长

这与各职业院校教学计划安排及学生实际需要有关,从查阅参与调研院校教学计划看,各专业一般在一年级和二年级课堂教学学时量较多,三年级一般安排了实训和不少于6个月顶岗实习,三年级学生可支配时间相对较多,同时很多学生三年级面临毕业就业,各单位和院校就业信息都在网上发布,因此,相比之下三年级学生上网时间更多。

从表4-29学生上网目的分布可以看出,选项上网"玩游戏,聊天或其他网上娱乐"的学生人数占调查总人数的90.6%,上网"利用网上学习资源学习"的人数占总人数的35.5%,因此,应尤其重视引导三年级学生利用网络进行学习及查找实习、就业所需信息等。

3. 不同年级学生对自身人文素质评价差异

通过表4-36数据可以看出,不同年级学生对自身人文素质的评价存在差异,一年级至三年级选择"很满意""比较满意"的比例分别为83.0%、79.0%和71.7%,一年级至三年级选择"不满意""很不满意"的比例分别为1.5%、4.2%和9.3%。

表4-36 不同年级学生对自身人文素质评价

年级	统计项目	对自身人文素质评价					合计
		很满意	比较满意	感觉一般	不满意	很不满意	
一年级	样本数	185	195	71	7	0	458
	年级内的百分比/%	40.4	42.6	15.5	1.5	0.0	100.0
	对自身人文素质评价内的百分比/%	40.1	42.2	36.2	14.6	0.0	—
	占合计的百分比/%	15.8	16.7	6.1	0.6	0.0	39.2
二年级	样本数	178	180	76	18	1	453
	年级内的百分比/%	39.3	39.7	16.8	4.0	0.2	100.0
	对自身人文素质评价内的百分比/%	38.6	39.0	38.8	37.5	50.0	—
	占合计的百分比/%	15.2	15.4	6.5	1.5	0.1	38.8
三年级	样本数	98	87	49	23	1	258
	年级内的百分比/%	38.0	33.7	19.0	8.9	0.4	100.0
	对自身人文素质评价内的百分比/%	21.3	18.8	25.0	47.9	50.0	—
	占合计的百分比/%	8.4	7.4	4.2	2.0	0.1	22.1

续表

年级	统计项目	对自身人文素质评价					合计
		很满意	比较满意	感觉一般	不满意	很不满意	
合计	样本数	461	462	196	48	2	1169
	年级内的百分比/%	39.4	39.5	16.8	4.1	0.2	100.0
	对自身人文素质评价内的百分比/%	100.0	100.0	100.0	100.0	100.0	—
	占合计的百分比/%	39.4	39.5	16.8	4.1	0.2	100.0

由此可见,各年级对自身人文素质相对都比较满意,但随着年级的增长,学生对自身人文素质满意的比例逐渐降低,而不满意的比例却在不断增加。这可能与不同年级学生对自身要求的提高及学校人文素质教育开展情况相关,一年级时以公共基础课为主,各专业开设了大量的人文素质教育课程,表4-25调查显示,认为教师教学效果良好的教师占总人数的80.2%,学生个人人文素质的提升较为明显,满意度相对较高;二年级学生满意度与各年级总体满意度比例持平;在三年级,各专业课程以专业课为主,人文素质课程大量减少,表4-12调查显示,31.7%的专业课教师在专业课中融入人文素质教育内容不够理想,同时,学生在长时间实习和面临就业择业过程中,个人品质、团队合作、心理素质等综合素质在与人沟通交流中发挥着重要作用,此时学生愈发感到人文素质的重要性,对个人自身人文素质也提出了更高要求。

(三)不同性别学生的比较

1. 不同性别学生对人文素质作用认识的差异

图4-6显示,不同性别学生在人文素质对一个人发展所起的作用这个问题上的态度存在差异。女生认为人文素质对个人发展"帮助很大"的比例占女生总人数的77.9%,比男生高出7.6%;而认为"基本没有帮助"的比例占女生总人数的3.3%,比男生低了1.9%。由此可见,同男生相比,女生更认可人文素质对个人发展的作用。

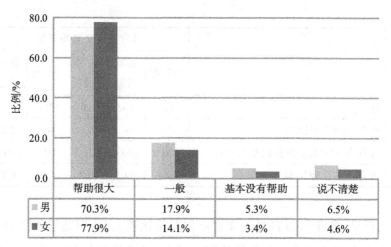

	帮助很大	一般	基本没有帮助	说不清楚
男	70.3%	17.9%	5.3%	6.5%
女	77.9%	14.1%	3.4%	4.6%

图4-6　男生和女生对人文素质教育作用认识对比

2. 不同性别学生对提升人文素质主动性的差异

本维度从主动提升人文素质的态度和在公共基础课程学习过程中的表现两个方面比较不同性别学生对提升人文素质主动性的差异。从图4-7数据看,女生认为"会主动提高"的人数占女生总人数的70.3%,高出男生12.0%;女生选择"不会主动提高"选项的学生比例为1.1%,比男生低2.7%。

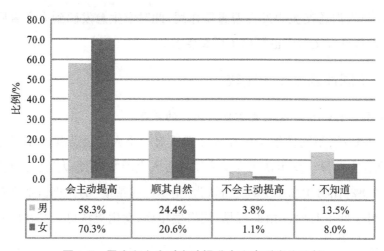

	会主动提高	顺其自然	不会主动提高	不知道
男	58.3%	24.4%	3.8%	13.5%
女	70.3%	20.6%	1.1%	8.0%

图4-7　男生和女生对主动提升人文素质态度比较

从图4-8中的数据看,在公共基础课程学习过程中,女生选择"非常认真""比较认真"选项的人数占女生总人数的87.6%,男生选择这两个选项的比例为74.5%,较女生低13.1%;而男生选择"消极应付""无所谓""很不认真"选项的比例为25.5%,较女生高13.1%。从图4-7和图4-8的数据看,女生提升个人人文素质更主动、更认真,而相比之下,态度积极的男生比例相对偏低。

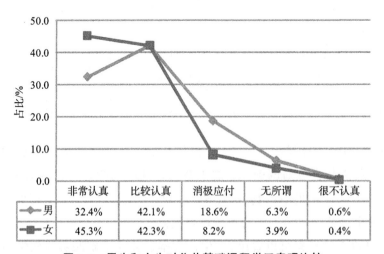

	非常认真	比较认真	消极应付	无所谓	很不认真
男	32.4%	42.1%	18.6%	6.3%	0.6%
女	45.3%	42.3%	8.2%	3.9%	0.4%

图4-8　男生和女生对公共基础课程学习表现比较

3. 不同性别学生对公共基础课教学评价的差异

本书围绕公共基础课教师教学工作态度评价、公共基础课实践活动评价和教学效果评价三个方面对公共基础课教学进行评价(见表4-37、图4-9、图4-10)。

表4-37　不同性别学生对公共基础课教师教学态度评价

性别	统计项目	教师教学态度					合计
		非常认真	认真	一般	不认真	很不认真	
男	样本数	318	206	92	9	5	630
	性别内的百分比/%	50.5	32.7	14.6	1.4	0.8	100.0
	教师教学态度内的百分比/%	49.5	56.7	64.8	56.3	100.0	53.9
	占合计的百分比/%	27.2	17.6	7.9	0.8	0.4	53.9

续表

性别	统计项目	教师教学态度					合计
		非常认真	认真	一般	不认真	很不认真	
女	样本数	325	157	50	7	0	539
	性别内的百分比/%	60.3	29.1	9.3	1.3	0.0	100.0
	教师教学态度内的百分比/%	50.5	43.3	35.2	43.8	0.0	46.1
	占合计的百分比/%	27.8	13.4	4.3	0.6	0.0	46.1
合计	样本数	643	363	142	16	5	1169
	性别内的百分比/%	55.0	31.1	12.1	1.4	0.4	100.0
	教师教学态度内的百分比/%	100.0	100.0	100.0	100.0	100.0	100.0
	占合计的百分比/%	55.0	31.1	12.1	1.4	0.4	100.0

表4-37中的数据显示,女生认为公共基础课教师对教学工作态度"非常认真""认真"的人数占参与调查女生总人数的89.4%,男生这一比例为83.2%;女生选择教师"不认真""很不认真"的比例为1.3%,男生这一比例为2.2%。可见,相比之下,女生对教师教学工作的态度评价更高。

从图4-9中的数据可以看出,女生认为本校公共基础课实践教学活动"效果好"的学生占总人数的61.4%,比这一选项男生比例高出17.3%;女生选择实践教学活动"效果不好"的比例为4.5%,低于男生这一比例。因此,女生对公共基础课实践教学效果认可程度高于男生。

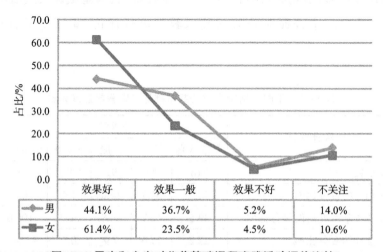

	效果好	效果一般	效果不好	不关注
男	44.1%	36.7%	5.2%	14.0%
女	61.4%	23.5%	4.5%	10.6%

图4-9　男生和女生对公共基础课程实践活动评价比较

图4-10中的数据显示,与男生相比,女生对所接触的公共基础课教师教学效果评价更好。85.6%的女生认为所接触的公共基础课教师教学效果"很好"和"较好",比男生高出9.9%;相应地,男生选择"不好"和"很不好"两项的比例均高于女生。

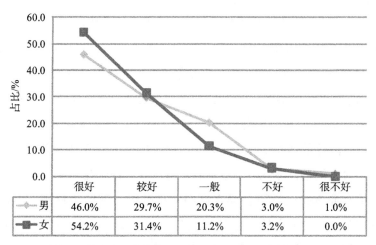

	很好	较好	一般	不好	很不好
男	46.0%	29.7%	20.3%	3.0%	1.0%
女	54.2%	31.4%	11.2%	3.2%	0.0%

图4-10 男生和女生对公共基础课程教师教学效果评价比较

4. 不同性别学生对自身人文素质评价差异

统计结果如图4-11所示。

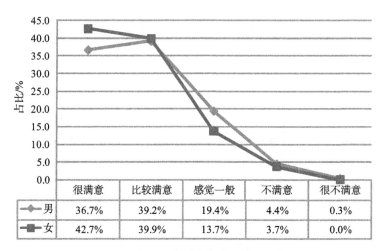

	很满意	比较满意	感觉一般	不满意	很不满意
男	36.7%	39.2%	19.4%	4.4%	0.3%
女	42.7%	39.9%	13.7%	3.7%	0.0%

图4-11 男生和女生对自身人文素质评价比较

从图 4-11 中的数据分析看,女生对自身人文素质评价满意度为"很满意""比较满意"的比例为82.6%,比男生高出6.7%;而男生选择"不满意""很不满意"的比例高于女生。可见同男生相比,女生对自身人文素质满意度更高。

综上所述,不同性别学生对公共基础课促进人文素质提升方面存在一定差异。相比之下,女生不仅从认识上重视人文素质对个人发展的作用,有更积极主动的学习态度,而且更认可教师的教学态度和取得的教学效果,从而在自身人文素质方面获得了更高的满意度。出现以上结果或许与男女生选择就读的专业有关。一般情况下,男生选择理工类专业偏多,女生选择文科类和艺术类专业较多,图 4-12 的调查数据显示,在文科类、艺术类专业,女生分别高出男生12.8% 和42.4%;而理工类专业男生比女生高出50.0%。这一数据结果也得到了相关研究的佐证。马莉萍等的研究表明,男女生在专业选择上存在性别差异,女生选择人文社科专业的比例远高于男生,男生中有超过一半的学生选择工科专业,远高于女生。大学专业选择的性别差异在高中文理分科时就已经体现,八成男生在高中时选择理科,仅有一半的女生选择理科。在控制了可能的生理差异、能力差异、兴趣差异以及家庭因素的影响后,男生更倾向于选择理工科专业,女生更倾向于选择人文社科专业。❶

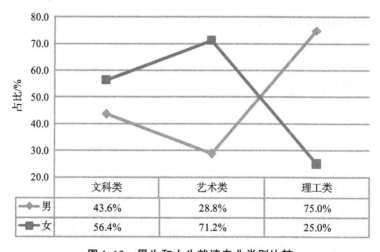

	文科类	艺术类	理工类
男	43.6%	28.8%	75.0%
女	56.4%	71.2%	25.0%

图 4-12　男生和女生就读专业类别比较

❶马莉萍,由由,熊煜,等.大学生专业选择的性别差异——基于全国85所高校的调查研究[J].高等教育研究,2016(5):36-42.

既然女生选择了文科类和艺术类专业,说明她们本身就比较感兴趣,兴趣爱好是学习进步最好的老师。同时,之前研究也发现,男女生在某种程度上存在生物学因素、遗传因素导致禀赋的差异,如女性在抽象思维和科学认知方面处于劣势,而更擅长感性思维和语言文学,这种差异会表现在学科和专业的选择上,也会在个人人文素质和综合素质上得以体现。

(四)不同居住地学生的比较

1. 不同居住地学生对人文素质认识的比较

本维度主要从学生关于人文素质对一个人未来发展所起的作用及加强职业院校人文素质教育必要性两方面进行调查。从图4-13中的数据看,来自农村或乡镇的学生认为人文素质对人的发展"帮助很大"的比例为77.5%,高于来自城市的学生10.0%;而来自城市的学生选择"基本没有帮助"的比例为5.6%,高于来自农村或乡镇学生的比例。相比之下,来自农村或乡镇的学生认为人文素质对个人发展更有帮助。

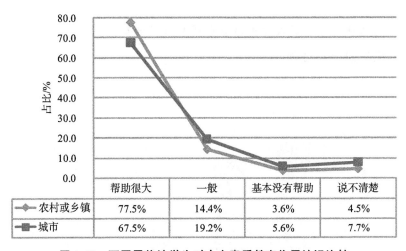

	帮助很大	一般	基本没有帮助	说不清楚
农村或乡镇	77.5%	14.4%	3.6%	4.5%
城市	67.5%	19.2%	5.6%	7.7%

图4-13　不同居住地学生对人文素质教育作用认识比较

图4-14较为直观地描述了不同居住地学生对加强人文素质教育必要性认识的差异。来自农村或乡镇的学生认为加强职业院校学生人文素质教育"非常有必要"和"有必要"的比例为89.1%,较来自城市的学生比例高出9.5%;而来自

城市的学生选择"没必要"的比例比来自农村或乡镇的学生高一倍。可以看出，来自农村或乡镇的学生认为人文素质对个人发展更有帮助，也更加认识到加强人文素质教育的必要性。

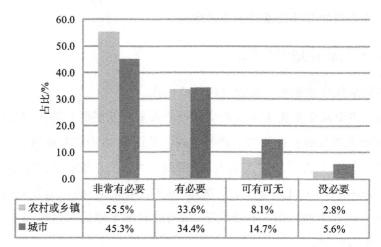

	非常有必要	有必要	可有可无	没必要
农村或乡镇	55.5%	33.6%	8.1%	2.8%
城市	45.3%	34.4%	14.7%	5.6%

图4-14 不同居住地学生对加强人文素质教育必要性认识比较

2.不同居住地学生对人文素质养成所起作用的认识

统计结果如图4-15所示。

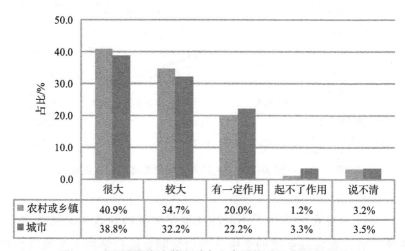

	很大	较大	有一定作用	起不了作用	说不清
农村或乡镇	40.9%	34.7%	20.0%	1.2%	3.2%
城市	38.8%	32.2%	22.2%	3.3%	3.5%

图4-15 不同居住地学生对人文素质提升途径认识比较

图4-15中的数据显示,农村或乡镇学生认为公共基础课课堂教学对学生人文素质养成所起的作用"很大"和"较大"的比例为75.6%,而城市学生选择这两项比例合计为71.0%;城市学生认为"起不了什么作用"的比例为3.3%,高出农村或乡镇学生2.1%。可见,农村或乡镇学生较城市学生更认可公共基础课课堂教学对个人人文素质养成所起的作用。

3. 不同居住地学生每天上网时间比较

图4-16数据显示,农村或乡镇学生每天上网时间在"2小时以下""2~4小时"的学生比例分别为23.2%和38.9%,均高于城市学生同时间段上网比例;城市学生选择"4~8小时""8小时以上"时间段的学生比例均高于农村或乡镇学生同时间段比例。因此,不同居住地学生每天上网时间存在差异,同农村或乡镇学生相比,城市学生每天上网时间更长。

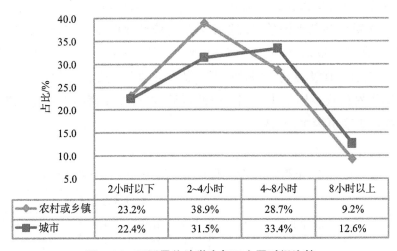

	2小时以下	2~4小时	4~8小时	8小时以上
农村或乡镇	23.2%	38.9%	28.7%	9.2%
城市	22.4%	31.5%	33.4%	12.6%

图4-16　不同居住地学生每天上网时间比较

4. 不同居住地学生对人文素质教育课实践教学活动开展情况比较

图4-17中的数据显示,城市学生认为人文素质教育课实践教学活动"效果好"的比例为58.9%,高出农村或乡镇学生10.7%;而农村或乡镇学生认为实践教学效果不理想,选择"效果一般"和"效果不好"的比例占总人数的39.0%,高出城市学生9.5%。因此,城市学生对人文素质教育课程实践教学活动开展情况满意度较高。

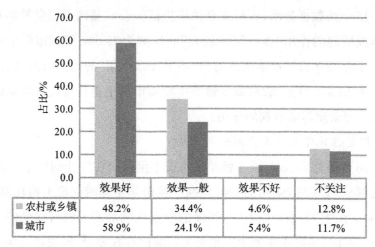

图4-17 不同居住地学生对实践教学活动开展情况比较

5. 不同居住地学生在公共基础课学习过程中表现比较

表4-38对公共基础课学习过程中表现的统计数据显示,农村或乡镇学生选择"非常认真""比较认真"的比例为81.9%,城市学生这两个选项比例为78.0%;城市学生选择"消极应付""无所谓""很不认真"等消极选项的学生比例为22.0%,高于农村或乡镇学生比例。由此可见,农村或乡镇学生在公共基础课程学习过程中表现更为主动、认真。

表4-38 不同居住地学生在公共基础课学习过程中表现比较

居住地	统计项目	学习过程中表现					合计
		非常认真	比较认真	消极应付	无所谓	很不认真	
农村或乡镇	样本数	281	326	103	27	4	741
	居住地内的百分比/%	37.9	44.0	13.9	3.6	0.5	100.0
	学习过程中表现内的百分比/%	62.7	66.1	64.0	44.3	66.7	63.4
	占合计的百分比/%	24.0	27.9	8.8	2.3	0.3	63.4
城市	样本数	167	167	58	34	2	428
	居住地内的百分比/%	39.0	39.0	13.6	7.9	0.5	100.0
	学习过程中表现内的百分比/%	37.3	33.9	36.0	55.7	33.3	36.6
	占合计的百分比/%	14.3	14.3	5.0	2.9	0.2	36.6

续表

| 居住地 | 统计项目 | 学习过程中表现 | | | | | 合计 |
		非常认真	比较认真	消极应付	无所谓	很不认真	
合计	样本数	448	493	161	61	6	1169
	居住地内的百分比/%	38.3	42.2	13.8	5.2	0.5	100.0
	学习过程中表现内的百分比/%	100.0	100.0	100.0	100.0	100.0	100.0
	占合计的百分比/%	38.3	42.2	13.8	5.2	0.5	100.0

综合以上五个方面的分析结果可以看出,居住地不同的学生对公共基础课促进人文素质提升的理解和学习过程存在一定差异。具体来说,居住在农村或乡镇的学生认为人文素质对个人发展更有帮助,更认可公共基础课课堂教学对个人人文素质养成所起的作用,也更加认识到加强人文素质教育的必要性,在公共基础课程学习过程中表现得更为主动、认真;居住在城市的学生每天上网时间更长,对公共基础课实践教学活动开展情况满意度较高。

不同居住地学生之间存在的以上差异与我国经济社会发展现状息息相关。长期以来,由于城市和乡村在生产力水平、经济状况、生活方式及人口因素的不同,从而出现城乡在教育资源、文化资本等方面存在差异。首先,在教育资源方面的差异。城乡学校办学条件、师资力量差距大,根据中国教育追踪调查(CEPS)基线数据,2013—2014年度初中生均年度财政拨款,农村学校只有795元,中心城区则为1317元,且有35.0%的农村学校管理者认为该校5年内生均年度财政拨款无大变化,而中心城区比例只有14.6%。在教师学历方面,农村学校高中及大专学历教师的比例高于中心城区学校,本科、研究生学历的教师则呈相反的趋势,农村学校比例最低,中心城区最高。由于来自乡村的学生自基础教育阶段与城市学生就存在差距,导致出现教育获得的差距,从而他们有更迫切地想要提升个人综合素质的期盼。其次,在文化资本方面的差异。法国社会学家布尔迪厄指出,教育是现代社会中阶级再生产的一种重要机制;而教育在不断将社会中已有的阶级结构复制出来的过程中,起到最关键作用的,恰恰在于家庭背景的差异。城乡家庭背景分化,特别是教育观念、教育方式上的差异,将会给孩子带来深远影响。家长拥有更高的教育水平,家庭具有更好的文化背景,家庭文化资本越丰厚,越有利于子女的成长。2015年全国1%人口的抽样调查显示,在各类教育水平的人口中,农村人口的比例随着教育水平的提高而减少。全国高中以下学历人口中农村人口占54%;全国15岁及以上文盲人口中乡村占67%。❶

第三节　基于教师视角的现状调查

一、调查样本的基本信息

同学生问卷一样,本书对教师的问卷调查也是在北京、安徽、湖北、陕西、内蒙古5个省、自治区、直辖市的6所中高职院校展开,本次共发放教师调查问卷170份,回收筛选后录入有效样本数据155份,样本获取的基本信息包括教师任教院校、教师从事的工作类别和教师学历情况。

(一)调查样本学校分布

从表4-39可以看出,A院校、B院校在东部地区,调查教师样本数为61人,占有效样本总数的39.3%;C院校、D院校为中部地区院校,调查样本数为47人,占教师数的30.3%;E院校、F院校在西部地区,调查样本数为47人,占样本总人数的30.3%。按中高职院校类别划分,A院校、C院校、E院校为高职院校,B院校、D院校、E院校为中职学校,高职院校教师样本数为84人,占有效样本总数的54.2%;中职学校教师样本数为71人,占有效样本总数的45.8%。

表4-39　调查样本学校分布

地区	院校	样本数/人	有效百分比/%
东部地区	A	36	23.2
	B	25	16.1
中部地区	C	25	16.1
	D	22	14.2

❶农村孩子最大的痛,是城乡教育[EB/OL].(2018-05-09)[2021-05-12]. https://baijiahao.baidu.com/s?id=1599974383815366281&wfr=spider&for=pc.差异

续表

地区	院校	样本数/人	有效百分比/%
西部地区	E	23	14.8
	F	24	15.5
合计		155	100.0

(二)调查样本工作类型与学历情况

表4-40是对参加调查的教师从事工作及学历情况的调查。首先,从调查对象从事工作情况看,从事教学工作的专任教师占调查对象总人数的85.1%,其中从事"专业课教学"的教师人数最多,占参加调查教师总人数的49.7%;公共基础课教师人数占教师总人数的35.5%;行政人员等其他教师占总人数的14.9%。其次,从参加调查教师的学历情况看,调查样本中具有"本科"学历的教师人数最多,占教师总人数的54.2%;其次是具有"硕士"学历的教师数,占教师总人数的27.7%;具有"专科"和"博士研究生"学历的教师人数分别占教师总人数的比例为14.2%和3.9%。从总体情况看,专任教师的学历层次相对较高,具有硕士研究生和博士研究生学历的教师占专任教师总人数的比例为34.8%,而行政人员和其他人员中没有博士研究生,具有硕士研究生的工作人员的比例占其总人数的11.5%。

表4-40　调查样本工作类型与学历情况表

从事工作	统计项目	学历				合计
		专科	本科	硕士	博士	
公共基础课教学	样本数	8	29	17	1	55
	从事工作内的百分比/%	14.5	52.7	30.9	1.8	100.0
	学历内的百分比/%	36.4	34.5	39.5	16.7	35.5
专业课教学	样本数	8	41	23	5	77
	从事工作内的百分比/%	10.4	53.2	29.9	6.5	100.0
	学历内的百分比/%	36.4	48.8	53.5	83.3	49.7
行政人员	样本数	5	9	3	0	17
	从事工作内的百分比/%	29.4	52.9	17.6	0.0	100.0
	学历内的百分比/%	22.7	10.7	7.0	0.0	11.0

续表

从事工作	统计项目	学历				合计
		专科	本科	硕士	博士	
其他人员	样本数	1	5	0	0	6
	从事工作内的百分比/%	16.7	83.3	0.0	0.0	100.0
	学历内的百分比/%	4.5	6.0	0.0	0.0	3.9
合 计	样本数	22	84	43	6	155
	从事工作内的百分比/%	14.2	54.2	27.7	3.9	100.0
	学历内的百分比/%	100.0	100.0	100.0	100.0	100.0

二、现状调查分析

本节调查对象为职业院校教师,主要从人文素质教育的认知、公共基础课教学活动开展情况和评价与建议等三个维度对公共基础课人文素质教育情况进行调查。

(一)人文素质教育认知

本维度主要调查职业院校教师对职业院校人文素质教育课程的关注度、注重的人文素质教育课程类型、对本校学生人文素质满意度,以及对专业教育和人文素质教育的观点。

1. 对职业院校人文素质教育关注度

从表4-41可以看出,没有人选择"不关注"选项;调查对象选项"非常关注"的人数为89人,占总人数的57.4%;其次是选择"比较关注"选项的教师,占总人数的31.6%;选择关注度为"一般"的教师占总人数的11%。调查对象中没有人"不关注"人文素质教育。

表41 教师对职业院校人文素质教育关注情况

观点	样本数	有效百分比/%
非常关注	89	57.4
比较关注	49	31.6
一般	17	11.0

观点	样本数	有效百分比/%
不关注	0	0
合计	155	100.0

可见人文素质教育是职业院校教师关注的热点问题,这为后续调查工作的进一步展开和促进学生人文素质提升奠定了基础。

2. 对本校学生人文素质满意度评价

从职业院校教师对本校学生的人文素质满意度统计数据(见表4-42)可见,选择"感觉一般"的教师有53人,占总人数的34.2%,排在第一位;选择"很满意"和"比较满意"的人数为66人,占总人数的42.6%;选择"不满意""很不满意"选项的教师数占总人数的23.2%,而对学生的调查数据显示,学生对自然人文素质"很满意""比较满意"的人数占总人数的78.9%。可见,教师对学生人文素质满意度低于学生自我评价。

表4-42　教师对学生人文素质满意度评价

观点	样本数	有效百分比/%
很满意	26	16.8
比较满意	40	25.8
感觉一般	53	34.2
不满意	32	20.6
很不满意	4	2.6
合计	155	100.0

3. 对人文素质教育课程关注情况

从表4-43教师对人文素质教育课程注重情况调查可见,注重"人文思想类课程"的教师数为116人,占总人数的比例为74.8%,位列第一位;注重"人文知识类课程"的教师数量为111人,占调查对象总人数的比例为71.6%;选择"鉴赏类课程""实践类课程"的教师数量占总人数的比例排在第三和第四位。

表4-43 教师对人文素质教育课程关注情况

课程类别	回应数/人次	占总回应数比例/%	个案占样本总数比例/%
人文知识类课程	111	26.9	71.6
人文思想类课程	116	28.1	74.8
鉴赏类课程	100	24.2	64.5
实践类课程	86	20.8	55.5
合计	413	100.0	—

4.对专业教育与人文素质教育的态度

表4-44从教师的视角评价了职业院校专业教育与人文素质教育的重要性,从调查数据来看,选择专业教育和人文素质教育"都很重要"的比例最高,占总人数的71%;选择二者有主次之分,"专业教育更重要"的比例占总人数的17.4%,选择"人文素质教育更重要"的比例占总人数的7.7%。可见,大部分教师认为专业教育和人文素质教育同等重要,但相比之下,重视专业教育的比例高于重视人文素质教育的比例近10%,重视专业教育的倾向也较为明显。

表4-44 教师对专业教育与人文素质教育的态度

观点	样本数	有效百分比/%
都很重要	110	71.0
专业教育更重要	27	17.4
人文素质教育更重要	12	7.7
说不清	6	3.9
合计	155	100.0

(二)公共基础课教学活动开展情况

为了更深入地了解公共基础课教学活动的开展情况,本问卷从职业院校公共基础课开展人文素质教育满意度、人文素质教育课程开展情况、教师使用网络教学资源平台和信息化课堂教学管理平台情况、人文素质教育实践教学活动开展情况,以及公共基础课教学手段、教学方法和教学评价方法等方面进行调查分析。

1. 人文素质教育类公共基础课开设必要性

对开设人文素质类公共基础课程必要性的正确认识是有效开展人文素质教育的前提和基础，从表4-45中的调查数据看，调查对象中有151人选择了"非常有必要"和"有必要"在职业院校开设人文素质教育类公共基础课程，占参与调查的总人数的97.5%；认为"可有可无"和"没有必要"开设此类课程的教师分别为2人，各占总人数的1.3%。可见，绝大部分教师认为职业院校应该开设此类课程。

表4-45 对人文素质类公共基础课开设必要性

观点	样本数	有效百分比/%
非常有必要	92	59.3
有必要	59	38.1
可有可无	2	1.3
没有必要	2	1.3
合计	155	100.0

2. 人文素质教育课程开设情况

从表4-46中的调查数据看，各职业院校开设人文素质教育类课程的情况不一，调查对象认为本校没有按要求开齐的人数最多，占调查对象总人数的36.1%；选择"不清楚"的人数占总人数的比例为26.5%；选择"开齐但课时不足"的人数占总人数的比例为22.6%；认为"按要求开齐所有课程"的教师人数最少，占总人数的比例仅为14.8%。

表4-46 教师对人文素质类公共基础课开设情况的认识

观点	样本数	有效百分比/%
按要求开齐所有课程	23	14.8
开齐但课时不足	35	22.6
没开齐	56	36.1
不清楚	41	26.5
合计	155	100.0

可见,职业院校按要求开齐所有人文素质教育课程的院校或专业相对较少。同时,由于要求职业院校开设各类公共基础课程的文件发布单位不一,发布时间跨度较长,参与调查的教师对开设相关此类课程的文件了解不全,导致出现对本校是否按要求开设了相关课程不清楚的教师人数较多。

3. 开展人文素质教育满意度

表4-47是教师对本校公共基础课程开展人文素质情况的满意度调查统计表,从统计数据看,调查对象选择"感觉一般"的人数最多,占总人数的比例为36.8%;认为"不满意"的教师数占第二位,占总人数的比例为23.2%;选择"很满意"和"比较满意"的人数占总人数的38.7%。由此可见,当前教师对公共基础课程开展人文素质教育满意度偏低。

表4-47 教师对公共基础课开展人文素质教育情况的态度

观点	样本数	有效百分比/%
很满意	28	18.1
比较满意	32	20.6
感觉一般	57	36.8
不满意	36	23.2
很不满意	2	1.3
合 计	155	100.0

4. 网络教学资源平台使用情况

从表4-48调查数据看,调查对象选择本校公共基础课教师使用"学堂在线"的人数最多,占教师总数的42.9%;其次是使用"爱课程"的教师数为61人,占总人数的39.6%;使用"超星平台""智慧树"的教师数占总人数的比例均超过30%;使用"好大学在线"的教师数占总人数的比例为19.5%;也有部分教师使用华文慕课、优课联盟、网易云课堂等资源平台;选择"没有使用"教学资源平台的教师占总人数的7.1%。可见,公共基础课教师使用的网络教学资源平台较多,使用平台的教师人数也比较多。

表4-48　教师对网络教学资源平台使用情况的认识

网络教学资源平台	回应数/人次	占总回应数比例/%	个案占样本总数比例/%
爱课程	61	21.0	39.4
学堂在线	66	22.7	42.6
好大学在线	30	10.3	19.4
超星平台	52	17.9	33.5
智慧树	49	16.8	31.6
其他	22	7.6	14.2
没有使用	11	3.8	7.1
合计	291	100.0	—

5. 信息化课堂教学管理平台使用情况

表4-49对公共课教师使用信息化课题教学管理平台情况进行了统计,从分布数据看,教师们使用"蓝墨云班课"的人数为79人,占总人数的比例为56.0%,处于第一位;选择"雨课堂"的教师人数处于第二位,占总人数的比例为40.4%;选择"智慧课堂"和其他信息化课堂教学管理平台的教师人数占总人数的比例分列第三和第四位;选择"没有使用"平台的人数最低,占总人数的9.9%。

表4-49　教师对课堂教学管理平台在公共基础课教学中使用情况的认识

课堂教学管理平台	回应数/人次	占总回应数比例/%	个案占样本总数比例/%
雨课堂	57	26.0	36.8
蓝墨云班课	79	36.1	51.0
智慧课堂	49	22.4	31.6
其他	20	9.1	12.9
没有使用	14	6.4	9.0
合计	219	100.0	—

6. 人文素质教育课程实践教学开展情况

人文素质教育课程由理论教学和实践教学活动两部分组成,因各门课程教学内容、教学目标等不一致,对实践教学活动的要求也有区别。表4-50对各职业院校实践教学活动开展情况进行了统计,选择"教学效果好"的教师人数占教师总人数的比例为49.7%,位列第一位;认为"效果一般"的教师人数占总人数的比例为41.9%;选择"效果不好"的教师人数占5.2%,有3.2%的调查对象对开展情况"不关注",可见,对人文素质教育课程实践教学工作开展满意的教师数偏低。

表4-50　教师对人文素质教育课程实践教学活动开展情况的态度

态度	样本数	有效百分比/%
教学效果好	77	49.7
效果一般	65	41.9
效果不好	8	5.2
不关注	5	3.2
合 计	155	100.0

7. 教学手段情况

表4-51是调查对象对最适合公共基础课的教学手段进行选择的统计表,数据显示,线上线下相结合的"混合式课堂教学"选项的教师数为108人,占参加调查的教师总人数的69.7%,排在第一位;其次是选择"多媒体教学"的教师数位列第二,有92人选择了此选项,占总人数的59.4%;选择"慕课等在线教学""传统教学手段"选项的教师数占总人数的比例排在第三和第四位。

表4-51　教师对公共基础课最适合的教学手段的选择

课程类别	回应数/人	占总回应数比例/%	个案占样本总数比例/%
多媒体教学	92	30.6	59.4
慕课等在线教学	51	16.9	32.9

续表

课程类别	回应数/人	占总回应数比例/%	个案占样本总数比例/%
混合式课堂教学	108	35.9	69.7
传统教学手段	42	14.0	27.1
其他	8	2.7	5.2
合　计	301	100.0	——

8. 教学方法情况

教学方法对达成教学目标发挥着至关重要的作用。表4-52调查数据显示，调查对象认为"小组讨论法"是适合公共基础课教学方法的教师人数为106人，达到参与调查教师总人数的68.4%，排在第一位；其次，选择"问答启发法"的教师数为95人，占总人数的比例为61.3%；选择"讲授法"的教师数也达到90人，占总人数的58.1%；选择"项目教学法"和"情境教学法"的教师数相同，占总人数比例均为54.2%。选择其他教学方法的还提出了"问题–发现教学法"等。由于各门课程教学内容不同，同一门课程教学过程中也有不同的教学目标，教师不可能始终只用一种教学方法，而是根据教学目标，以一种教学方法为主，将其他教学方法组合起来运用，因此，调查对象在选择适合公共基础课教学方法时均选择了多种方法。

表4-52　教师对公共基础课最适合的教学方法的选择

课程类别	回应数/人	占总回应数比例/%	个案占样本总数比例/%
讲授法	90	15.3	58.1
项目教学法	84	14.3	54.2
小组讨论法	106	18.1	68.4
问答启发法	95	16.2	61.3
参观法	65	11.1	41.9
情境教学法	84	14.3	54.2
案例法	53	9.0	34.2

续表

课程类别	回应数/人	占总回应数比例/%	个案占样本总数比例/%
其他	10	1.7	6.5
合计	587	100.0	—

9. 教学评价方式情况

教学评价方式是检验教师和学生教学效果的重要手段,科学的教学评价方式能更客观、科学地检测教师教的效果和学生学的效果,为教师和学生发现教学过程中存在的问题,提出有效改进措施提供借鉴。由表4-53中的调查数据显示,认为"客观性测试"适合公共课教学评价方式的教师数为107人,占总人数的69.9%;其次是选择"论文式测试"方式的教师数为94人,占总人数的61.4%;选择"观察法"和"调查法"的教师人数接近,排在第三和第四位;16名教师选择了其他教学评价方式,主要列举了自我评价法和问题情景测验法等。

表4-53　公共基础课最适合的评价方式

评价方式	回应数/人	占总回应数比例/%	个案占样本总数比例/%
论文式测试	94	24.0	60.6
客观性测试	107	27.3	69.0
观察法	89	22.7	57.4
调查法	86	21.9	55.5
其他	16	4.1	10.3
合计	392	100.0	—

(三)评价与建议

下面从教师的视角对公共基础课教师配备、教师教学态度和教学效果、对公共基础课教学满意度,以及人文素质教育存在的不足与建议等方面进行调查,并设置了开放式问答,从而了解教师对职业院校开展公共基础课程改革,促进学生人文素质提升方面的意见和建议。

1.教师配备情况

组建一支稳定、充足、素质优良的优秀教师队伍是开齐、开好公共基础课程,促进学生人文素质提升的重要保障。从本次调查数据看,选择"部分课程没有稳定师资队伍"的教师数为65人,占总人数的41.9%,处在第一位;认为"教师能满足开课要求"的教师比例占参与调研教师总人数的21.9%,排在第二位;认为"师资无法满足开课要求"的教师数占总人数的20%;而选择"各类公共基础课均组建了充足的优秀师资队伍"的教师数最低,所占比例仅为总人数的16.1%(见表4-54)。由此可见,职业院校公共基础课师资不足、队伍不稳定现象较为突出。

表4-54　人文素质教育课程实践教学活动开展情况

观点	样本数/人	有效百分比/%
均组建了充足的优秀师资队伍	25	16.1
教师能满足开课要求	34	21.9
部分课程没有稳定师资队伍	65	41.9
师资无法满足开课要求	31	20.0
合计	155	100.0

2.教师教学态度和教学效果评价

表4-55中的数据显示了公共基础课教师对教学工作的态度和教学效果评价的调查结果,首先,从教师教学态度方面看,调查对象认为教师教学态度"非常认真"和"认真"的教师数为136人,占教师总人数的86.7%;选择教师教学态度"一般"的教师数占教师总人数的比例为12.3%,问卷还设计了教师教学态度"不认真"和"很不认真"选项,但是参加调查的教师没有人选择这两个选项。其次,从教师教学效果来看,认为教师教学效果"很好"和"较好"的教师数为123人,占教师总人数的79.4%;选择教学效果"不好"和"很不好"的教师为6人,占教师总人数的3.8%。由此可见,参加调研的教师对公共基础课教师教学态度认可度较高,但教师的教学效果还有待提升。

表4-55　教师教学态度与教学效果评价交叉列表

教师教学态度	统计项目	教师教学效果					合计
		很好	较好	一般	不好	很不好	
非常认真	样本数	71	9	4	0	0	84
	教师教学态度内的百分比/%	84.5	10.7	4.8	0.0	0.0	100.0
	教师教学效果评价内的百分比/%	94.7	18.8	12.0	0.0	100.0	—
	占合计的比例/%	45.8	5.8	1.9	0.0	0.6	54.2
认真	样本数	3	38	11	0	0	52
	教师教学态度内的百分比/%	5.8	73.1	21.2	0.0	0.0	100.0
	教师教学效果评价内的百分比/%	4.0	79.2	44.0	0.0	0.0	—
	占合计的比例/%	1.9	24.5	7.1	0.0	0.0	33.5
一般	样本数	1	1	11	5	1	19
	教师教学态度内的百分比/%	5.3	5.3	57.9	26.3	5.3	100.0
	教师教学效果评价内的百分比/%	1.3	2.1	44.0	100.0	100.0	—
	占合计的比例/%	0.6	0.6	7.1	3.2	0.6	12.3
合计	样本数	75	48	26	5	1	155
	教师教学态度内的百分比/%	48.4	31.0	16.8	3.2	0.6	100.0
	教师教学效果评价内的百分比/%	100.0	100.0	100.0	100.0	100.0	—
	占合计的比例/%	48.4	31.0	16.8	3.2	0.6	100.0

表4-56对公共基础课教师教学态度与教学效果的相关性进行了分析。

表4-56　教师教学态度与教学效果相关性分析表

		教师教学态度	教师教学效果
教师教学态度	皮尔逊相关性	1	0.780**
	显著性（双尾）		0.000
	个案数 N	155	155
教师教学效果	皮尔逊相关性	0.780**	1
	显著性（双尾）	0.000	
	个案数 N	155	155

注：**在显著水平为0.01时（双尾），相关显著。

表4-56数据显示,教师教学态度与教学效果两个变量呈现显著正相关,相关系数为0.780,一者存在一定的正相关关系,这说明在公共基础课教学方面,教师的教学态度越认真,教师的教学效果越好;相反,教师教学态度越不认真,教师的教学效果可能越差。由此可见,教师教学态度越积极,在教学过程中将可能取得越好的教学效果。

3. 公共基础课教学满意度

在开展公共基础课教学,推进学生人文素质提升过程中,各职业院校有了自己的特色与经验供兄弟院校借鉴。表4-57中的调查数据显示,教师们认为本校公共基础课教学在"教师教学效果良好"方面感觉满意的教师有97人,占总人数的65.5%;其次是选择"课程体系完整能有效促进学生人文素质提升"选项的教师数为79人,占总人数的53.4%;部分教师认为本校公共基础课师资队伍教学水平高、公共基础课实践教学活动开展的有特色、成果丰硕。

表4-57 对公共基础课教学满意度分布表

评价方式	回应数/人次	占总回应数比例/%	个案占样本总数比例/%
课程体系完整能有效途径学生人文素质提升	79	25.2	51.0
教师教学效果良好	97	30.9	62.6
学校人文环境浓厚	65	20.7	41.9
有效使用网络教学资源和管理平台	67	21.3	43.2
其他	6	1.9	3.9
合计	314	100.0	—

4. 人文素质教育存在的不足

表4-58中的数据显示,选择"学生对人文素质教育不够重视"的教师数为77人,占参与调研总人数的49.7%,排在本校人文素质教育存在不足的第一位;其次是认为"重专业技能训练、轻人文素质教育"的教师数为70人,占总人数的45.2%;认为"学校对人文素质教育不够重视"的教师数占总人数的41.9%,其他

存在的不足所占总人数比例按照从高到低依次是"课程种类不丰富,课时安排少""学生就业压力大,没有时间和精力在人文素养方面花费更多时间""人文素质师资水平有待提高",也有部分教师提出了人文素质教育实践教学特色不突出、校园人文环境建设不够等不足。可见,认为人文素质教育存在不足的前三方面原因都是对人文素质教育认识问题。

表4-58　人文素质教育存在的不足

存在不足	回应数/人次	占总回应数比例/%	个案占样本总数比例(%)
重专业技能训练,轻人文素质教育	70	18.9	45.2
课程种类不丰富,课时安排少	61	16.4	39.4
人文素质师资水平有待提高	38	10.2	24.5
学校对人文素质教育不够重视	65	17.5	41.9
学生对人文素质教育不够重视	77	20.8	49.7
学生没有时间精力	56	15.1	36.1
其他原因	4	1.1	2.6
合计	371	100.0	239.4

5. 促进人文素质提升举措

表4-59中的数据显示,在促进人文素质提升的各项举措中,选择"健全课程体系、增加学时"的教师最多,为117人,占调查对象总人数的75.5%;其次是选择"提供更多相关网络教学资源"的教师数,仅次于前者,占总人数的72.9%;建议"提高各方重视程度""使用信息化教学平台提升教学效果""促进线上与线下相结合"排在第三至第五位;其他措施中提出了在专业课程中更多融入人文素质教育内容等建议。

表4-59　促进学生人文素质提升举措

提升举措	回应数/人次	占总回应数比例/%	个案占样本总数比例(%)
提供更多相关网络教学资源	113	17.7	72.9
使用信息化教学平台提升教学效果	107	16.8	69.0
促进线上线下教育相结合	97	15.2	62.6
健全课程体系、增加学时	117	18.3	75.5
提高各方重视程度	111	17.4	71.6
提升教师人文素质和教学信息化水平	74	11.6	47.7
其他措施	19	3.0	12.3
合计	638	100.0	411.6

第五章 公共基础课人文素质教育调查
结论与讨论

第一节 公共基础课人文素质教育现状调查的
基本结论

综合以上职业院校学生和教师对公共基础课人文素质教育现状的调查结果,研究者得出以下几个方面的初步结论。

一、人文素质满意度及重视程度

参与调查的教师对学生人文素质满意度偏低,师生注重人文思想类和人文知识类课程与轻视人文素质教育倾向并存;理工类和艺术类学生、女生、来自农村或乡镇的学生更认可人文素质教育在促进个人发展中所起的作用,学生对专业教育重视程度随着年级的增长而不断增加。

参与调查的教师对学生人文素质很满意和比较满意的比例为42.6%,89.0%的教师对职业院校人文素质教育给予了高度关注,没有教师选择不关注选项。73.8%的学生认为人文素质将有助于自身更好地适应未来工作需要,对个人帮助很大,认为对未来发展基本没有帮助的占学生总数的5.6%;绝大部分教师(97.5%)和学生(85.7%)都认为开设人文素质教育类公共基础课程,加强职业院校学生人文素质教育很有必要。在人文素质教育公共基础课程中,参与调查的教师和学生均出现注重人文思想类、人文知识类课程比例较高,而注重鉴赏类和实践类课程比例相对较低的情况;对专业教育与人文素质教育的态度,教师和学生表现出高度一致,师生们认为专业教育和人文素质教育"都很重要"的比例均为最高,都超过了60%,但认为专业教育更重要的比例均高于重视人文素质教育的比例约10%。由此可见,人文素质教育是职业院校教师关注的热点问题,大部分师生注重人文思想类、人文知识类课程教学,绝大部分师生希望加强学生人文素质教育,促进学生个人未来更好地发展,但教师对学生人文素质满意度偏低,师生中重视专业教育轻视人文素质教育的倾向也十分明显。

对不同学生群体的比较显示,不同专业类别、不同性别和不同居住地的学生对人文素质教育影响一个人未来发展的作用的认识和在人文素质养成所起作用的认识存在一定差异:理工类(77.6%)和艺术类(75.6%)专业学生对人文素质促进个人发展所起的作用认可度更高,而文科类(66.7%)学生对此认可度相对较低;与男生相比,女生更认可人文素质对个人发展的作用;来自农村或乡镇的学生认为人文素质对个人发展更有帮助,认为需要加强人文素质教育的学生比例更高,较城市学生更认可公共基础课课堂教学对个人人文素质养成所起的作用。不同年级的学生对专业教育和人文素质教育的态度存在差异,随着年级的增长,学生对专业教育重视程度不断增加。

二、学生人文素质教育需求与学习主动性

学生人文素质教育需求较为强烈,公共基础课教学在人文素质提升中发挥着关键作用,但学习人文素质主动性有待加强;不同群体学生在人文素质教育需求方面存在一定差异。

大部分学生(总回应数比例为79.4%)认为人文素质教育能培养创造性思维,提供自身修养,促进人的全面发展;同家庭培养、自身培养和社会环境熏陶相比,更多学生认为人文素质的提升主要依靠学校培养,而课堂教学是学生人文素质提升的最主要途径。70.9%的学生认为公共基础课课堂教学对学生人文素质养成发挥着重要作用,但相当一部分专业课教师(37%)将人文素质教育内容融入专业课程教学仍有较大差距。

调查发现,在学习过程中能主动提高自身人文素质的学生比例偏低(63.8%),在公共课程学习过程中消极应付、无所谓、不认真的学生较为普遍(19.5%),学习人文素质主动性有待加强。不同性别学生对提升人文素质课程主动性的表现不一,女生(70.3%)会主动提高自身人文素质,促进个人全面发展的比例高于男生(58.3%),女生选择不会主动提升人文素质的比例低于男生;在公

共基础课程学习过程中,女生表现更为主动、认真的比例较高(87.6%),而态度积极的男生比例相对偏低(73.5%)。

调查也发现,不同专业类别学生对公共基础课教学在人文素质养成中所起作用及专业课教师开展人文素质教育等方面的认知存在一定差异。理工类学生(77.6%)对公共基础课程教学对学生人文素质养成所起作用认可度最高,其次是艺术类专业学生(75.6%),而文科类学生(66.7%)对此认可度相对较低;文科类学生(77.7%)对专业课教师将人文素质内容融入专业课教学的认可度较高,而理工类(57.3%)和艺术类(55.2%)专业学生认可度偏低。不同居住地学生对公共基础课教学在人文素质养成所起作用的认知及公共基础课程学习过程中的表现存在差异,来自农村或乡镇的学生(75.6%)对公共基础课课堂教学对个人人文素质养成所起作用的认可度高于来自城市的学生(71%),来自农村或乡镇的学生在公共基础课程学习过程中表现较来自城市的学生更为积极、主动、认真。

三、人文素质教育基础课程开设情况与师生满意度评价

大部分职业院校或专业未按要求开齐、开足人文素质教育基础课程,师生对人文素质教育课程实践教学满意度处于中等水平,对公共基础课开展人文素质教育满意度不高。

结合调查情况与相关职业院校专业人才培养方案显示,诸多职业院校未独立开设劳动教育和美育等课程,参与调查教师认为按要求开齐、开足人文素质教育基础课程的职业院校或专业较少(14.8%);师生认为人文素质教育实践教学内容丰富、效果较好的约占参与调查者的一半(学生为52.1%,教师为49.7%);对公共基础课开展人文素质教育的满意度调查结果表明,参与调查教师感到不满意和很不满意的比例较高(24.5%),对参与调查学生的调查结果显示,"思想政治或德育课""职业规划与就业指导课"和"安全教育"等所有职业院校都开设的课程在素质提升、知识掌握和能力提升方面的满意比例较高(均达到80%),而对"美育课""职业礼仪与沟通课"等开设院校较少的课程,调查对象的不满意比例均较高。

通过对不同居住地学生对人文素质教育课程实践教学满意度的调查分析发现,来自城市的学生(58.9%)对人文素质教育课实践教学活动开展情况满意度高

于来自农村或乡镇的学生（48.2%）；来自不同地区参与调查的院校调查结果也存在一定差异，来自东部地区院校（如A院校）对人文素质教育课实践教学内容和效果满意的比例最高（78.5%），来自中部地区院校（如D院校）和西部地区院校（如F院校）认为效果不好的比例增加明显（D院校12.1%，F院校34.7%）。

四、公共基础课教与学的信息化

学生上网时间偏多，上网学习的学生比例不高；高年级学生、来自城市的学生的上网时间分别高于低年级、来自农村或城镇的学生。教师课堂教学信息化程度较高，教师常用的教学方法和手段与学生喜爱的教学方法和手段与教师认为适合的教学方法和手段存在一定差异。

随着现代信息技术的快速发展，参与调查的学生每天上网时长在2小时以内的比例较低（22.9%），每天上网超过2小时的比例较高（77.1%）；参与调查的学生上网玩游戏、聊天或其他网上娱乐的比例最高（90.6%），上网利用网上学习资源学习的学生比例排在第二位（64.5%）；数据分析表明，不同年级、不同居住地学生在每天上网时间上存在一定差异。从一年级到三年级，随着年级的增长，"4小时及以下"时长上网学生数所占各年级总学生数的比例在不断下降（一年级63.3%，三年级52.7%），而"4小时以上"时长上网学生比例在持续上升（一年级36.7%，三年级47.3%）；在不同居住地，来自农村或乡镇的学生每天上网时长在"2小时及以下""2~4小时"的学生比例均高于来自城市的学生同一时长上网比例，城市学生"4~8小时""8小时以上"时长的学生比例均高于农村或乡镇学生同一时长比例。因此，不同居住地学生每天上网时长存在差异，同来自农村或乡镇的学生相比，来自城市的学生每天上网时间更长。

通过对师生的调查也显示，总回应数中96.2%以上的公共基础课教师选择使用爱课程、学堂在线、超星平台等网络教学资源平台开展公共基础课教学，总回应数中93.6%以上的公共基础课教师借助蓝墨云班课、雨课堂、智慧课堂等信息化课堂教学管理平台提升教学管理水平，提高课堂教学质量；对公共基础课教学方法和手段的调查结果显示，教师常用的公共基础课教学手段依次是多媒体教学、慕课等网络在线教学及线上线下混合式课堂教学，学生喜爱的教学手段分别是多媒体教学、线上线下混合式课堂教学和慕课等网络在线教学，教师认为适合的教学手段是线上线下混合式课堂教学、多媒体教学及慕课等网络在线教学。教师常用的教学方法依次是讲授法、小组讨论法、情境教学法和问答启发法,学生喜爱的教学方法是情境教学法、小组讨论法、讲授法和参观法,教师认为适合公共基础课的教学方法依次是小组讨论法、问答启发法、讲授法及情景教学法。教师常用的教学评价方式与教师认为适合的教学评价方式一致,分别为客观性测验、论文式测验等,受学生喜爱的教学评价方式依次是论文式测验、客观性测验等。

五、对公共基础课教师教学态度与教学效果的评价

师生对教师教学态度和教学效果给予了较高的评价,女生对公共基础课教师教学态度和教学效果的评价高于男生。

从统计数据看,参与调查的教师和学生认为公共基础课教师教学工作态度较为认真(教师86.7%,学生86.1%),认为教师教学工作不认真的比例很低(教师0%,学生1.8%);在对教师教学效果进行评价时,师生认为公共基础课教师教学效果较好(教师79.4%,学生80.2%),认为教师教学效果不好的比例较低(教师3.8%,学生3.6%)。

调查显示,男生和女士对公共基础课教学评价存在一定差异。在公共基础课教师教学态度方面,女生对教师教学工作态度的评价更高,女生认为公共基础课教师对教学工作态度认真的比例(89.4%)高于男生(83.2%),女生认为教师不认真的比例(1.3%)低于男生(2.2%);女生认为公共基础课教学效果较好的比例(85.6%)高于男生(75.7%)。

第二节 对公共基础课人文素质教育现状的讨论

一、调动现状调查中的积极因素

(一)充分认识到人文素质的重要作用

2019年4月,教育部、财政部联合发布了《关于实施中国特色高水平高职学

校和专业建设计划的意见》,正式启动中国特色高水平高等职业学校和专业建设计划,计划建设一批"引领改革、支撑发展、中国特色、世界水平"的高等职业学校和骨干专业(群),要实现这一目标任务,"培养什么样的人、如何培养人和为谁培养人"是首要问题。十多年前,习近平同志在《之江新语》专栏中指出:"人,本质上就是文化的人,而不是'物化'的人;是能动的、全面的人,而不是僵化的、'单向度'的人。"这一论述指明了"人"的真谛,为职业院校培养新时代经济社会发展需要的人才指明了方向。

要培养全面的人,促进职业院校学生成人成才、全面发展,必须坚定文化自信和教育自信,充分认识到人文素质在个人成长发展中的重要作用。通过调查对象关于人文素质对一个人未来发展等方面所起作用的分析,可以了解当前职业院校学生对人文素质的态度。从调查数据看,绝大部分学生认为人文素质将有助于自身更好地适应未来个人发展和需要,对个人帮助很大,4.4%的学生认为人文素质教育对未来发展没有太大帮助;在调查学生对加强人文素质教育的态度时,认为"非常有必要""有必要"加强人文素质教育的人数占总人数的85.6%,认为没必要加强的为3.8%;在对人文素质教育应该达到的目标统计数据看,选择"提高自身素养""培养创造思维""促进人的全面发展,成为健全的社会人""为走上工作岗位所用"的比例为94.9%,3.9%的学生选择了"为了修满学分"。由此可见,绝大部分学生充分认识到了人文素质教育的重要作用,并对通过人文素质教育达成个人成长目标持积极进取的态度。

通过对不同专业、不同性别、不同区域的学生调查也发现,相比之下,理工类和艺术类专业类别学生对人文素质促进个人发展所起的作用认可度更高,女生更认可人文素质对个人发展的作用,来自农村或乡镇的学生认为人文素质对个人发展更有帮助,也更加认识到加强人文素质教育的必要性。

(二)公共基础课教学对人文素质养成作用突出

教育部《关于加强大学生文化素质教育的若干意见》指出,必须将文化素质教育贯穿于教育的全过程,要开好文化素质教育的必修课和选修课,所开课程要在传授知识的基础上,更加注重人文素质和科学素质的养成和提高。教育部要求三年制中职学校公共基础课程学时一般占总学时的1/3,三年制高职院校公共基础课程学时应当不少于总学时的 1/4。作为专业人才培养方案的重要组成部分,公共基础课为学生提高人文素质,树立正确的世界观、人生观、价值观,培养高尚的道德情操和健康的审美与生活情趣服务,为持续提升学生专业能力的学习和岗位需要,促进学生创新创业和职业生源可持续发展服务,也为提高学生的终身教育和未来幸福生活需要服务。❶

对人文素质提升途径的调查发现,目前职业院校学生人文素质提升主要依靠学校教育实施;对学生提升自身人文素质的渠道分析显示,课堂教学被认为是学生提高自身人文素质的最主要途径;同时,绝大部分学生认为公共基础课程课堂教学在促进职业院校学生人文素质提升中发挥着重要作用,认为"起不了什么作用"的被调查者仅占 2.0%。对教师的问卷调查也发现,调查对象选择了"非常有必要""有必要"在职业院校开设人文素质教育类公共基础课程的占参与问卷调查教师总人数的 97.4%,可见,绝大部分教师认为职业院校应该开设此类课程。相关调查也表明,学生修读人文素质教育课程不再只是为了"混学分",绝大多数学生都有明确的目的,通过人文素质教育,学生更能全方位地提高自身的综合素质,不仅注重学会学、学会做、学会协调合作的社会精神,也注重学会发展的能力。

对不同群体学生的分类研究发现,各专业类别认为公共基础课程教学对学生人文素质养成所起的作用突出,同文科类学生相比,理工类和艺术类专业学生更希望通过开展公共基础课教学促进自身人文素质的提升;同来自城市的学生相比,来自农村或乡镇的学生更认可公共基础课课堂教学对个人人文素质养成所起的作用。

(三)高度重视思政课程教学

2019 年 8 月,中共中央办公厅、国务院办公厅印发的《关于深化新时代学校思想政治理论课改革创新的若干意见》中强调,教育是国之大计、党之大计,承担着立德树人的根本任务。思政课是落实立德树人根本任务的关键课程,发挥着不可替代的作用。思政课建设只能加强、不能削弱,必须切实增强办好思政课的信心,全面提高思政课质量和水平。要完善思政课课程教材体系,调整创新思政课课程体系,加强以习近平新时代中国特色社会主义思想为核心内容的思政课课程群建设,在保持思政课必修课程设置相对稳定基础上,结合大中小学各学段特点构建形成必修课加选修课的课程体系。通过建设一支政治强、情怀深、思维新、视野广、自律严、人格正的思政课教师队伍,不断增强思政课的思想性、理论性和亲和力、针对性,加强党对思政课建设的领导,全面提升学生思想政治理论素养,实现知、情、意、行的统一。除此之外,近年来,教育部先后印发《高校思想政治工作质量提升工程实施纲要的通知》《新时代高校思想政治理论课教学工作基本要求》《教育部关于加强新时代高校"形势与政策"课建设的若干意见》《"新时代高校思想政治理论课创优行动"工作方案》《关于加快构建高效思想政治工作体系的意见》等重要文件,对思政课的指导思想、基本原则、学分要求、主要举措、组织领导等方面内容作出了具体规定。可见国家对思想政治课发挥育人主渠道作用寄予厚望,并要求全面推动习近平新时代中国特色社会主义思想进教材、进课堂、进头脑,打牢大学生成长成才的科学思想基础,引导大学生树立正确的世界观、人生观、价值观,不断提高大学生对思想政治理论课的获得感。

正是在党和国家的高度重视下,各职业院校开齐、开足思政课程,教师力求上好思政课,学生积极参与思政课学习,取得了突出成绩。在对学生公共基础课程重要性的认识调查发现,思政课受重视程度最高;从对公共基础课程开设情况调查发现,各职业院校公共基础课程开设情况不一,但所有院校开齐、开足了思政课程;对学生自身在人文素质方面有所欠缺的内容调查发现,被调查者选择人文思想类课程的人数最低;对公共基础课程满意度的评价统计数据显示,调查对象对思政课在素质提升、知识掌握和能力提升方面的满意比例均为最高,超过其他公共基础课程。从教师对人文素质教育课程注重情况调查统计可见,注重思政课教学的比例位列第一位。有研究者对湖北省16所高职院校的师生的调查也发现,73.4%的思政课教师认为所在学校重视思政课教学,66.6%的学生认为思政课对自己帮助非常大或有较大帮助,77.7%的学生上思政课的态度是积极的,84.8%的学生认为上思政课有必要,院校和学生对思政课的认识和重视程度都比较高。❶由此可见,各职业院校严格落实、落细党和国家思政课程文件要求,

---

❶高玉平.高职院校思政课教学现状最新调查与对策思考[J].科教导刊(上旬刊),2017(11).

教师和学生也均对思政课程高度重视,并积极开展教与学的活动,取得了显著的成效。

(四)教师教学态度认真

态度决定行为,教育活动是培养人的社会活动,是一种教书育人的过程。德国哲学家雅斯贝尔斯曾说过:教育就是一棵树摇动一棵树,一朵云推动一朵云,一个灵魂唤醒另一个灵魂。"学为人师、行为世范",教师在教学过程中发挥着至关重要的作用,他们不仅用自己高尚的师德、明确的价值认知、渊博的知识和朴素的情感教育、关爱学生,也用自己的教学态度、言谈举止、行为倾向影响着每一位学生的学习态度和学习效果。本书对教师教学态度和教学效果的相关分析也发现,二者关系呈现高度正相关,教师的教学态度越认真,教师的教学效果越好。已有研究也表明,思想政治理论课教师的教学态度是影响学生学习态度的重要因素,思政课教师教学态度对学生学习态度具有强烈的正向影响。[1]因此,教师认真、积极的教学态度不仅影响课前准备、课堂教学、课后辅导乃至课程教学效果,也将带给学生正向、乐观的学习态度,从而影响学生学习效果乃至成长成才。

对学生的调查分析显示,认为公共基础课教师教学态度"非常认真"和"认真"的比例占调查学生总人数的86.1%;对不同性别学生群体的比较研究发现,女生认为公共基础课教师对教学工作态度"非常认真"和"认真"的比例较男生高出6.2%,可见女生对教师教学工作的态度评价更高;对教师的调查也发现,调查对象认为教学态度"非常认真"和"认真"的教师数占教师总人数的86.7%,没有教师选择教师教学态度"不认真""很不认真"选项。由此可见,参加调研的教师和学生对公共基础课教师教学态度认可度较高,这将对教师教学效果和学生学习效果产生积极影响。

(五)教师信息化教学使用率较高

随着信息技术的快速发展,为加快信息化时代教育变革,推进教育现代化进程,中共中央、国务院印发《中国教育现代化2035》,重点部署了面向教育现代化

---

[1]胡子祥,胡月波.思想政治理论课教师教学态度对学生学习态度之影响研究[J].西南交通大学学报(社会科学版),2019,20(6):1-8.

的十大战略任务,明确了三个方面的保障措施,倾力加强教育现代化工作。自新型冠状病毒肺炎疫情(以下简称"新冠肺炎疫情")发生以来,为确保师生生命安全和身体健康,教育部发出2020年春季学期延期开学通知,要求各地充分利用网络平台,"停课不停教、不停学"。各职业院校积极响应国家号召,结合实际制订了延期开学期间转变教学方式的方案,组织任课教师充分利用网络教学平台开展远程教学活动,保障了新冠肺炎疫情期间学生居家学习不停学,这既是各职业院校应对新冠肺炎疫情的应急之举,也是对多年来"互联网+职业教育"建设成果的集中展示。以北京某职业院校为例,该校在疫情期间除个别课程为实训课程,需要在专业实训室开课之外,春季学期线上开课率达到应开课程的98.5%,近200名教师在超星学习通、蓝墨云班课教学平台、BB资源平台、泛在教学平台、腾讯会议、钉钉会议等13个教学平台和网络直播平台授课,信息化教学平台保证了全体师生线上教学活动的有序开展,学生反馈教学效果和学习效果俱佳。此次远程教学活动的全面开展是职业院校切实加快教育信息化进程,以教育信息化支撑和引领教育现代化成果的全面检验。

从之前对公共基础课教师使用网络教学资源平台情况的调查数据显示,92.4%的学生认为教师教学过程中使用了"学堂在线""爱课程""超星平台"网络教学资源平台,选择"没有使用"的学生占总人数的7.7%;对教师信息化课堂教学管理平台使用情况调查数据表明,参与调查学生反馈教师使用平台的比例占总人数的93.4%,选择教师"没有使用"信息化课堂教学管理平台的学生占总人数的6.6%。从对教师的调查数据看,选择本校公共基础课教师使用"学堂在线""爱课程""超星平台""智慧树"等教学资源平台的比例为92.8%,选择"没有使用"的教师占总人数的7.2%;从对教师使用信息化课堂教学管理平台调查情况看,被调查教师认为公共基础课教师使用"蓝墨云班课""雨课堂"等平台的教师人数占总人数的90.1%,选择"没有使用"平台的人数占总人数的9.9%。据此可知,绝大部分教师在日常教学过程中使用教学资源平台和课题教学管理平台开展教学活动,数字教育资源公共服务体系建设与应用水平在逐步加强和推进。

二、重视现状调查中存在的问题

(一)重专业技能、轻人文素质现象显著

2015年,在中国高等教育学会主办"全面推进素质教育暨全国高等学校加强文化素质教育工作20周年"研讨会之际,中国高等教育学会会长瞿振元指出,专业教育是培养学生具有某种职业所需要的能力的教育,具有较强的工具价值,如果过早、过多地专业化,专业教育就会远离教育的本质,学生就有可能成为"单向度的人"。因此,专业教育的同时必须进行人文知识的教育和人文精神的培育,必须关照学生自身内在秉性的发展和人格的完善,这才能构成完整意义上的高等教育。从现实来看,素质教育作为教育改革发展的"战略主题"虽大有其"名",但其"实"还不尽如人意,决策层面对如何推进素质教育虽有明确要求,但院校实践层面对"战略主题"的理解、领悟仍不完全到位,围绕全面推进素质教育尚缺乏全局性的思路和扎实的行动。❶可见,在原国家教委1995年启动52所高校加强大学生文化素质教育试点工作20年来,尽管国家决策层面较为重视,制定了一系列文件要求,但院校层面全面推进素质教育的真正落地仍任重道远。

从学生对专业教育与人文素质教育的态度调查发现,选择学校或学生"重视专业技能,对人文素质教育不够重视"的学生数占总人数的比例最高;61%的调查对象认为在职业院校中,专业教育与人文素质教育同等重要,认为专业教育与人文素质教育有主次之分的调查对象占总人数的34%,其中认为专业教育更重要的比例更高;不同年级学生对专业教育和人文素质教育的态度也存在一定差异,数据显示,从一年级至三年级,随着年级的增长,学生越来越不重视人文素质教育,而对专业教育重视程度不断增加;从教师对职业院校专业教育与人文素质教育重要性的调查发现,选择专业教育和人文素质教育"都很重要,都应该重视"的比例最高,但选择二者有主次之分,认为专业教育更重要的比例较选择人文素质教育更重要的比例高出10%。由此可见,职业院校重视专业技能、轻人文素质教育的现象较为明显。

---

❶瞿振元.高校素质教育有待真正落地[N].光明日报,2015-04-21(13).

(二)开齐、开足公共基础课要求未达成

开齐、开足公共基础课程是推进人文素质教育的基础和前提保障。为推进人文素质教育,教育部出台的《关于加强大学生文化素质教育的若干意见》提出,第一课堂主要是开好文化素质教育的必修课和选修课,所开课程要在传授知识的基础上,更加注重大学生人文素质和科学素质的养成和提高。2000年,教育部《关于加强高职高专教育人才培养工作的意见》指出,高职高专教育在制订教学计划时应坚持德、智、体、美等方面全面发展的原则,正确处理好传授知识、培养能力、提高素质三者之间的关系,要求高职高专教育三年制专业的课内总学时一般以1600~1800学时为宜,二年制专业的课内总学时一般以1100~1200学时为宜,但没有对公共基础课学时提出明确要求。2015年,教育部《关于深化职业教育教学改革全面提高人才培养质量的若干意见》强调,要发挥人文学科的独特育人优势,对中等职业学校开齐、开足、开好的公共基础课课程作了规定,并要求高等职业学校按教育部相关教学文件要求,规范公共基础课课程设置与教学实施。2019年,教育部《关于职业院校专业人才培养方案制订与实施工作的指导意见》明确规定,要规范课程设置,严格按照国家有关规定开齐、开足公共基础课程,对中等职业学校、高等职业学校应当开设的公共基础课必修课程、选修课程及公共基础课程学时等提出了具体要求。因此,随着国家对人文素质教育重视程度的提高,对保障公共基础课课程及学时的要求也越来越明确、具体。

从调查情况看,"思想政治课""职业规划与就业指导课""体育""安全教育"等课程所有职业院校都已经开设,"语文或传统文化课""外语""信息技术"等课程均有院校未开设;对人文素质教育存在的不足调查结果显示,学生认为"课程种类不丰富,课时安排少"的比例为42.8%;从教师对人文素质类公共基础课开设情况的调查发现,教师认为本校没有按要求开齐开足的人数占调查对象总人数的58.7%,选择"不清楚"的占26.5%;认为"按要求开齐所有课程"的教师人数占总人数的比例为14.8%;认为"课程种类不丰富,课时安排少"的比例为39.4%。可见,职业院校按要求开齐、开足公共基础课程的要求落到实处还有较大差距。

(三)公共基础课实践教学效果有待提升

作为一种教育类型,职业教育与普通教育在培养目标、教育对象、教育内容、办学模式、培养规格等方面存在差异,职业教育的目标是为生产、建设、管理、服务一线培养高素质劳动者和技术技能人才,因此,掌握实践技能,具有实践能力是职业院校学生具有的天然属性,而实践教学是促进学生很好地将理论知识转化为实践能力、创新能力,推动活动育人、实践育人、文化育人,健全全员、全过程、全方位育人格局,提升学生综合素质的必要环节,与理论教学相辅相成、相互促进,二者成为职业教育教学体系的有机组成部分。2019年,国务院印发的《国家职业教育改革实施方案》中明确强调,职业院校实践性教学课时原则上占总课时一半以上。因此,面对职业教育当前发展的新形势、新要求,深化公共基础课实践教学是职业教育突出教育特色,培养学生动手能力、创新能力和解决问题能力,提升学生综合素质和适应能力,增强学生就业竞争力的现实要求。

对调查对象的数据分析结果显示,在人文知识、人文思想、鉴赏和实践四类公共基础课程中,被调查学生关注度最低的是实践类课程;在对学生自身人文素质方面有所欠缺的课程内容调查中,排在第一位的是实践类课程;从人文素质教育课实践教学活动开展情况看,学生认为本校人文素质教育课程实践教学活动"活动效果好"的占总人数的52.1%,参与调查的各职业院校差异较大,如A院校评价"活动效果好"的比例为78.5%,而D院校这一选项的比例为28.3%;教师对人文素质教育课程实践教学开展情况调查显示,选择人文素质教育课程"教学效果好"的教师人数占教师总人数的比例为49.7%,认为"效果一般""效果不好"的教师人数占比47.1%。

对不同群体学生调查公共基础课实践教学活动比较研究发现,女生认为"效果好"的占总人数的61.4%,比男生高出17.3%;来自城市的学生认为"效果好"的比例为58.9%,高出来自农村或乡镇的学生10.7%。可见女生和来自城市的学生对这一调查满意度较高。从总体情况看,当前人文素质教育课程实践教学活动开展效果一般,后续有待进一步努力提升。

(四)学生人文素质教育课程学习动机不足

学习动机是学生学习好人文素质教育课程,达到人文素质学业目标的一种动力倾向,体现了学生参与学习活动的内部动力。学习动机与学生的学习兴趣、学习态度、学习目标及学习的努力程度相关联,也对学生的学习效果产生直接的影响。较强的学习动机能够激发学生的学习兴趣和认真的学习态度,调动学生的学习积极性和主动性,提升学生自主学习能力,并有益于培养学生良好的学习习惯,能较长时间地维持学生良好的学习行为,促进学生达成学业目标,提升学习效果。

调查数据显示,63.8%的参与调查的学生认为人文素质能促进个人得到全面发展,因此,希望通过自己主动努力学习提高自身的人文素质,33.6的学生认为人文素质会自然而然增长或没有实质性作用,不会主动学习提升人文素质;在公共基础课学习过程中,80.5%的学生能认真学习,选择"消极应付""无所谓"或"很不认真"的比例占总人数的19.5%。从学生上网情况看,当前学生每天上网的时间在"2~4小时(含4小时)"时间段的人数占总人数的36.2%,在4小时以上的占调查对象的40.9%,而从上网目的看,选择"玩游戏、聊天或其他网上娱乐"的占总人数的90.6%,可见学生上网时间较多但主要目的是娱乐休闲而非学习。从对不同群体调查对象的数据分析显示,女生选择会主动学习,促进个人全面发展的比例占女生总人数的70.3%,而男生这一比例为58.3%;对不同居住地学生调查数据显示,在公共基础课学习过程中,来自城市的学生选择"消极应付""无所谓""很不认真"等消极选项的学生比例为22%,高于来自农村或乡镇的学生4%。由此可见,当前学生在人文素质教育课程学习过程中学习兴趣不大,积极性不高,学习动机不足的现象较为普遍。

(五)师资队伍建设亟待加强

教育是一个多因素、多层次的整体系统,但构成教育活动的三个基本要素是教育者、受教育者和教育措施,教育者是教育活动的组织者,在教学过程中选择教学手段和方法,创设教育环境,调控着整个教育过程[1],可见教育者在教育活动

---

[1]王道俊,王汉澜.教育学[M].人民教育出版社,2002:29-31.

中发挥着至关重要的作用。《关于全面深化新时代教师队伍建设改革的意见》明确指出,教师是国家富强、民族振兴、人民幸福的重要基石。当今世界正处在大发展、大变革、大调整之中,面对新方位、新征程、新使命,教师队伍建设还不能完全适应,有的地方对教师工作重视不够,对教师队伍建设的支持力度亟须加大;有的教师素质能力难以适应新时代人才培养需要,思想政治素质和师德水平需要提升,专业化水平需要提高,管理体制机制亟须理顺,当前应着力提升教师思想政治素质,全面提高职业院校教师质量,完善职业院校教师资格标准,到2035年,教师综合素质、专业化水平和创新能力大幅提升,教师主动适应信息化、人工智能等新技术变革,积极有效地开展教育教学。

从对公共基础课教师配备情况的调查结果显示,调查对象认为本校各类公共基础课组建了充足的优秀师资队伍的人数占参与调查的总教师数的16.1%,认为"教师能满足开课要求"的教师人数占总人数的21.9%,选择"部分公共基础课程没有稳定的师资队伍""师资不足无法按要求开设公共基础课程"的教师数占总人数的61.9%;在对本校人文素质教育存在不足的调查中,24.5%的教师和33.8%的学生认为"人文素质师资水平有待提高"。由此可见,人文素质教育公共基础课教师责任重大,在新时代背景下,师资队伍建设还面临人员不足、师资队伍不稳定、师资水平有待提升等问题,亟待给予进一步理顺与改进。

第六章 职业院校人文素质教育路径探索

一、坚持育人为本,贯彻新发展理念

国务院印发的《国家职业教育改革实施方案》指出,职业教育要坚持以习近平新时代中国特色社会主义思想为指导,把握好正确的改革方向,落实好立德树人根本任务,健全德技并修的育人机制,推进职业教育领域"三全育人"综合改革试点工作,使各类课程与思想政治理论课同向同行,努力实现职业技能和职业精神培养高度融合。调查结果显示,学校对人文素质教育不够重视、学生对人文素质教育认识和重视不够、教师重视专业教育轻视人文素质教育是当前职业院校人文素质教育面临的突出问题,教师们对学生人文素质的满意度评价偏低;对促进学生人文素质提升的举措进行调查发现,选择"提高学校、教师和学生重视程度"的学生人数占总人数的比例为70.4%,排在第一位;选择这一选项的教师人数占总人数的比例为71.6%。

"浇花浇根,育人育心",职业院校要贯彻落实全面发展的教育理念。首先,要提高政治站位。从全面贯彻党的教育方针政策的战略高度出发,从推进教育事业现代化的战略全局着眼,加强对习近平关于职业教育论述的学习和理解,深刻认识到职业院校需要培养什么人、怎样培养人、为谁培养人这个根本问题,深化思想认识,自觉与国家相关文件要求对标对表,凝聚全体教职工育人共识,准确把握职业教育改革和发展的正确方向,以行动引导学生、感染学生,形成全员重视人文素质教育的良好氛围,全程、全方位落实好立德树人根本任务,扎扎实实做好提升学生综合素质,办好人民满意的职业教育。

其次,要转变教育思想理念。理念是行动的先导,是有效开展人文素质教育的前提和基础,人才培养目标是职业教育人才培养总体要求的反映,我国职业教育人才培养目标随着职业教育的发展而不断变化,是当时教育思想的体现。1998年,教育部《面向21世纪教育振兴行动计划》提出,高等职业教育必须面向地区经济建设和社会发展,适应就业市场的实际需要,培养生产、服务、管理第一线需要的实用人才,真正办出特色。2019年,教育部《关于职业院校专业人才培养方案制订与实施工作的指导意见》强调,要构建德智体美劳全面发展的人才培养体系,坚持育人为本,促进全面发展,加快培养复合型技术技能人才。可见,促进人的全面发展的指导思想和基本原则在人才培养目标中得到很好地体现,而当前社会处于转型期,只有从认识上摒弃"重视专业技能训练、轻视人文素质教育"的观念,确立专业教育与人文素质教育并重的正确思想,才能用先进的思想指导教育实践,促进人文素质教育在职业院校落地生根,更好地达成人才培养目标。

二、开齐、开足规定课程,创新开设特色课程

2019年,教育部印发的《关于职业院校专业人才培养方案制订与实施工作的指导意见》规定,职业学校要严格按照国家有关规定开齐开足公共基础课程,中等职业学校应当将思想政治、语文、历史、数学、外语(英语等)、信息技术、体育与健康、艺术等列为公共基础必修课程,并将物理、化学、中华优秀传统文化、职业素养等课程列为必修课或限定选修课。高等职业学校应当将思想政治理论课、体育、军事课、心理健康教育等课程列为公共基础必修课程,并将马克思主义理论类课程、党史国史、中华优秀传统文化、职业发展与就业指导、创新创业教育、信息技术、语文、数学、外语、健康教育、美育课程、职业素养等列为必修课或限定选修课。要合理安排学时,三年制中职、高职每学年安排40周教学活动,三年制中职公共基础课程学时一般占总学时的1/3(不低于1000学时),三年制高职公共基础课程学时应当不少于总学时的1/4(不低于625学时),中职、高职选修课教学时数占总学时的比例均应当不少于10%,并统筹推进文化育人、实践育人、活动育人,广泛开展各类社会实践活动。2019年,《关于印发〈中等职业学校公共基础课程方案〉的通知》明确提出,中等职业学校公共基础课程分为必修课程、限定选修课程和任意选修课程,公共基础课程内容一般由基础模块、职业模块和拓展模块构成,并规定了必修课程名称、学时和学分等要求。

同时,国家一些文件也对高职公共基础课开课课程名称及学时进行了规定,如2019年8月中共中央办公厅、国务院办公厅印发的《关于深化新时代学校思想

政治理论课改革创新的若干意见》要求,专科阶段开设"毛泽东思想和中国特色社会主义理论体系概论""思想道德修养与法律基础""形势与政策"等必修课,高中阶段开设"思想政治"必修课程,围绕学习习近平总书记最新重要讲话精神开设"思想政治"选择性必修课程。2018年教育部发布的《新时代高校思想政治理论课教学工作基本要求》规定,严格落实学分,专科生"毛泽东思想和中国特色社会主义理论体系概论"课4学分、"思想道德修养与法律基础"课3学分、"形势与政策"课1学分,从专科思想政治理论课现有学分中划出1个学分,开展本科、专科思想政治理论课实践教学。思想政治理论课各门课程应有序衔接,专科生先学习"思想道德修养与法律基础"课,再学习"毛泽东思想和中国特色社会主义理论体系概论"课,每学期必修"形势与政策"课,原则上晚间和周末不安排思想政治理论课必修课,大力提倡中班(100人以下)教学、小班研讨的教学模式,逐步消除大班额现象。2020年国务院印发的《关于全面加强新时代大中小学劳动教育的意见》中指出,整体优化学校课程设置,将劳动教育纳入中小学国家课程方案和职业院校、普通高等学校人才培养方案,根据各学段特点,在大中小学设立劳动教育必修课程,中小学劳动教育课每周不少于1课时,学校要对学生每天课外校外劳动时间作出规定。职业院校以实习实训课为主要载体开展劳动教育,其中劳动精神、劳模精神、工匠精神专题教育不少于16学时。

可见,国家相关文件对职业院校公共基础课开课课程名称、开课学时等进行了明确规定和要求。本书对公共基础课开设情况的调查发现,绝大部分教师(97.4%)认为职业院校应该开设人文素质教育类公共基础课课程;认为本校没有按要求开足、开齐公共基础课的教师数占调查对象总人数的36.1%,不清楚是否开齐、开展的教师数占26.5%,认为能按要求开齐公共基础课程的教师人数仅占14.8%;对公共基础课开展人文素质教育的满意度偏低,38.7%的教师感到比较满意;认为"课程种类不丰富,课时安排少"的学生数占调查对象的比例为42.8%。由此可见,职业院校有效开展人文素质教育的当务之急是正确处理好专业课和公共基础课的关系,重视公共基础课在高素质劳动者和技术技能人才培养中的基础地位,按国家相关规定开齐、开足公共基础课程,保证学时数量。

同时,结合区域、职业院校或专业特色,挖掘三馆一中心、地方历史、传统文化、传统艺术、地方人文资源等方面人文素质教育课程资源,在开齐、开足公共必修课程的基础上,创新开设具有院校特色、地方特色文化、传统文化等人文素质教育特色的公共基础选修课程。

通过拓展校内图书馆、校史展览馆、体育馆和艺术中心的功能,开设面向全校学生的读书、阅史、观展、参赛等公共选修课程,引导学生读书悟道、爱校尊师、开阔视野,提升学生文化素养。图书馆是最便捷的信息桥梁、最温暖的知识港湾,是让学生安放心灵、徜徉文献信息的地方,利用丰富的图书文献资源、良好的学习阅读环境,可开设"读书品鉴"类公选课。发挥馆内专业人员优势,为学生讲解网络教学资源库、图书资源检索查询方式方法,介绍国内外名家名著、经典文集,推荐学生自由选择阅读。根据阅读推广主题让每位选修的学生选取主题或一本专著,撰写读后感,举办阅读分享会,将阅读作品的感受分享给大家,既加深了对经典的理解,也锻炼了情感表达能力,在读、写、说的过程中激励学生输出深层次的阅读成果。

或者挖掘地方文化资源的文化价值和特殊魅力,将地方歌舞戏剧、非物质文化遗产、民俗民风、英雄人物、特色文化等身边鲜活生动的地方文化元素融入校本课程,形成地方宝贵的精神财富,打造别具一格、特色鲜明的人文素质校本选修课程,增添课堂教学魅力,让学生产生共鸣,激发学生学习兴趣,提高课堂教学效果,重塑地方人文精神并弘扬推广。

三、发挥信息技术优势,推进网络课程建设与应用

近年来,随着信息技术的日新月异,慕课等新型在线开放课程和学习平台迅速兴起和推广,教学时空不断拓展。教育部在《关于加强高等学校在线开放课程建设应用与管理的意见》中提出,支持具有学科专业优势和现代教育技术优势的高校,以文化素质教育课、受众面广量大的公共课为重点,建设适合网络传播和教学活动的内容质量高、教学效果好的在线开放课程,促进在线开放课程广泛应用,鼓励开展在线学习、在线学习与课堂教学相结合等多种方式的学分认定、学分转换和学习过程认定。教育部在《关于加强网络学习空间建设与应用的指导意见》中要求,要以空间为纽带,将空间作为基于信息技术教育教学的基本环境,作为数字教育资源公共服务体系共享服务的主要渠道,整体推进网络学习空间建设,实现基于空间的教与学应用的常态化,全面实现"一人一空间"加快推进人

人皆学、处处能学、时时可学的学习型社会建设。可见,全面创建"互联网+职业教育"新生态,加强网络空间建设与应用,推进教育信息化转段升级,促进网络教学资源共建共享是新时代的必然要求,也是深化教育教学改革,推动职业教育发展的内在需要。

调查发现,92.9%的公共基础课教师使用爱课程、学堂在线、超星尔雅等网络教学资源平台开展公共基础课教学,90.1%的公共基础课教师借助蓝墨云班课、雨课堂、智慧课堂等信息化课堂教学管理平台组织课堂教学活动提升教学管理水平,线上线下相结合的混合式课堂教学、多媒体教学及慕课等网络在线教学手段被众多的教师认为是最适合公共基础课的教学手段;认为应该"丰富课程种类,建立健全公共基础课课程体系"改进公共基础课教学,促进学生人文素质提升的教师数占调查对象总人数的75.5%,排在第一位;选择"教师应该为学生提供更多的人文素质教育课程网络教学资源"选项的学生数占总人数比例为65.7%。人民网报道显示,2020年,受新冠肺炎疫情影响,大中小学延期开学,在线教育消费迎来快速增长,各类新模式、新技术、新业态纷纷涌现,刷新用户消费体验,教育学习App每日活跃用户数从平时的8700万上升至新冠肺炎疫情期间的1.27亿,升幅46%。❶湖南省教科院智库"互联网+教育"研究团队在全国收回问卷6.7万余份的调查显示,新冠肺炎疫情期间在线教学基本成为常态,79.34%的调研对象所在学校已经开展在线教学,城市和农村分别为83.41%、77.42%;随着在线教学需求激增,在线教育市场呈井喷式增长,有36.48%的学校以"组织学习公共教学资源"为主,31.56%的学校以"教师录播或采用平台已建资源教学"为主,11.6%的学校以"教师直播教学"为主,新冠肺炎疫情期间在线教学基本获得认可,但师生信息化能力、师生互动交流等一些方面仍有改进余地。❷

为进一步做好新冠肺炎疫情防控期间普通高等学校在线教学工作,教育部发布通知,要求各院校依托各级各类在线课程平台、校内网络学习空间等,积极开展线上授课和线上学习等在线教学活动,实现"停课不停教、停课不停学"。面向全国高校免费开放全部优质在线课程和虚拟仿真实验教学资源,教育部先后

---

❶齐志明.推动在线教育迈向高质量发展[EB/OL].(2020-03-11)[2020-03-27].http://it.people.com.cn/n1/2020/0311/c1009-31626573.html.

❷尚文.疫情期间,在线教学成常态[N].人民日报,2020-03-11(19).

组织了22个在线课程平台制定了多样化在线教学解决方案,免费开放包括1291门国家精品在线开放课程和401门国家虚拟仿真实验课程在内的在线课程2.4万余门,覆盖了本科12个学科门类、专科高职18个专业大类。●新冠肺炎疫情给各级、各类学校带来了前所未有的巨大考验,正是由于国家重视在线教学资源建设,大量的课程资源在此次新冠肺炎疫情在线教学过程中发挥着重要作用,为取得"教学攻坚战"的胜利提供了保障。

由此可见,大力建设公共教学资源不仅有益于深入推动教育教学改革与创新,提升广大教师信息化教学能力,在非常时期,以及师资不足、师资队伍不稳定情况下,网络教学资源也可以破解职业教育困境。

为此,首先,应大力开展教师信息技术应用能力和信息化教学能力培训,推动教师更新教育观念,提升信息素养,增强应用信息技术能力,建设新时代教学创新团队,具备在线教学和网络教学资源建设能力,服务广大教师适应"互联网+职业教育"新要求。

其次,是更好地发挥国家职业教育示范课、精品在线开放课程,以及线上线下精品课的示范引领作用,推广精品示范课程建设和使用成功经验,推进优质课程资源共建共享,促进混合式教学、翻转课堂等新型教学手段,以及信息化课堂教学管理平台在课堂教学过程中的广泛应用。

同时,在教师不足、教学资源缺乏的情况下,引入超星尔雅、智慧树、学堂在线等企业网络教学资源平台优质教学资源,丰富职业院校课程资源,如超星尔雅是超星集团着力打造的通识教育品牌,拥有综合素养、通用能力、创新创业、成长基础、公共必修、个人发展六大门类,与数百位名师合作开发课程,包括学术界、思想界多位名家学者,综合素养门类开设了国学经典与文化传承、文学修养与艺术鉴赏、人类思想与自我认知、经济活动与社会管理等六个模块351门课程,通用能力门类开设了生命安全与救援、情绪管理、时间管理、有效沟通技巧、公共关系礼仪实务等60门课程,创新创业门类包括创新思维训练、走进创业、创新创业、网络创业理论与实践、创新创业实战等23门课程,公共必修门类开设了习近

●教育部应对新型冠状病毒感染肺炎疫情工作领导小组办公室关于在疫情防控期间做好普通高等学校在线教学组织与管理工作的指导意见[EB/OL]. (2020-02-04)[2020-03-27]. http://www.moe.gov.cn/srcsite/A08/s7056/202002/t20200205_418138.html.

平新时代中国特色社会主义思想、大学体育、高等数学、大学语文、信息技术基础、大学美育、军事力量等17门课程。

学校可以通过慕课教学模式,组织学生根据个人兴趣和爱好,选择尔雅课程纯在线跨时间、跨地域灵活自主地参与学习、练习和测试,也可以进行小规模限制性在线课程(SPOC)模式,为尔雅课程配备助教老师,利用慕课资源和翻转课堂技术,将在线学习与任课教师常规的师生面授教学适当结合,通过线上线下混合教学方式展开。通过引入外部优质资源既破解了学校发展中遭遇的困境,也满足了学生个性化需求,提升了学习兴趣。

四、协同推动校企联动,提升实践教学效果

实践教学是职业院校的主要特色,也是将学生学习的理论知识与实践相结合的核心举措。教育部《关于深化职业教育教学改革全面提高人才培养质量的若干意见》指出,要坚持产教融合、校企合作、工学结合、知行合一,推进行业企业参与人才培养全过程,实现校企协同育人,注重教育与生产劳动、社会实践相结合,强化教育教学实践性和职业性。要有效开展实践性教学,公共基础课和专业课都要加强实践性教学,实践性教学课时原则上要占总课时数一半以上,要加大对学生创新创业实践活动的支持和保障力度。《关于深化新时代学校思想政治理论课改革创新的若干意见》要求积极拓展思政课建设格局,坚持开门办思政课,推动思政课实践教学与学生社会实践活动、志愿服务活动结合,思政小课堂和社会大课堂结合,鼓励党政机关、企事业单位等就近与高校对接,挂牌建立思政课实践教学基地,完善思政课实践教学机制。职业院校的人才培养目标是为生产、建设、管理、服务一线培养高素质劳动者和技术技能人才,深化校企合作、产教融合,不仅仅是校企共建实习实训基地,促进学生掌握专业实践技能,提高实践技能,也是发挥校企协同育人和实践育人效果,提升学生综合素质、职业精神和职业道德的重要途径。

但从已有研究来看,职业院校组织的公共基础课实践教学活动偏少,教学形式单一,课程资源不足,实践教学效果不尽如人意。调查访谈过程中也发现有些院校公共基础课实践教学师生满意度较高,取得较为突出的实践育人、活动育人效果,促进了学生人文素质的提升,现进行总结提炼,以便更好地发挥示范效应。

一是引入企事业单位丰富的企业文化和人力物力资源,结合本校学生实际,开发校企合作人文素质教育实践教学项目,丰富符合职业院校公共基础课特点的实践教学内容。

如某职业院校与当地 2019《财富》杂志发布的世界 500 强、2019 福布斯全球数字经济 100 强榜、全国职业教育教师企业实践基地合作,该企业聚焦全球化发展,树立了行业领先的多元企业文化和运营模式典范,企业拥有教育培训事业部,通过引入企业科技创新理念,先进的科学技术,优秀的师资团队,校企双方以真实案例为基础,在技术技能型人才培养领域,共同开展教学设计、课程开发、实训开发等方面合作,开发了科技创新实践、创新创业方案策划、职业礼仪与沟通等实践教学项目,如在科技创新实践模块,引入了机器人编程技术、无人机和 3D 打印项目,机器人编程技术项目以实践练习为重点,通过对编程技术的练习,传感器的使用,机器人的组装、测试,让学生从无到有全方位地了解机器人前沿科技知识与技能;无人机项目综合了计算机语言、通信、网络、传感技术、自动化技术、人工智能等多个学科知识,通过指导学生亲手拆解、组装机械零件、联通导线、安装部件等活动,培养学生工匠精神,解决问题、团队沟通和创新意识和能力;3D 打印项目让学生对 3D 打印工作原理、3D 打印产业链、3D 打印工作原理及操作流程有了初步了解,学习建模软件,掌握 3 D 产品基本设计,激发学生学习3D 打印的热情,培养学生发散性思维和独立思考能力。

二是挖掘地方爱国主义教育基地、纪念馆、博物馆、故居等实践场所在人文素质教育方面的作用,建立校外人文素质实践教学基地,拓展教学资源。

如某职业院校根据思想政治课教学需要,根据不同主题,与相关企事业单位合作开展思政课实践教学。依托北大红楼、抗日战争纪念馆开展爱国主义实践教育,引导学生珍爱和平,树立民族自尊心和自豪感,继承和发扬爱国主义传统;在国家自主创新示范区展示中心开展创新发展绘蓝图主题活动,让学生了解我国科技创新成果和主要发展成就,以及创新应用示范项目,旨在让学生了解国家自主创新示范区创新发展成果,树立为国家科技创新发展献身的理想;以郊区农村思政课实践教学基地为依托,开展农村脱贫攻坚调研、全面建成小康社会、新农村建设、村民自治问题调研、农村文化设施建设及农民收入状况调研等方面调查访谈,了解农村全面建成小康社会、脱贫攻坚和现代农业设施等方面建设成果,以及推进"三农"领域治理体系治理能力现代化进程。在前期赴思政课实践教学基地调研考察的基础上,通过网络教学资源平台实时研讨交流调查考察中的各种思考和体会,全体学生撰写调研考察报告并通过网络平台提交,教师全程参与并指导研讨活动,及时批阅学生提交的调研考察报告,在集中展示环节分组展示调研考察成果,并将研究成果在校刊校报、微信公众号平台实时推送,让大家分享思想感悟,体验成就感,应用鲜活的案例、热点问题激发学生学习兴趣,启发学生深入思考,并且用学生喜闻乐见的形式呈现,把社会主义核心价值观贯穿实践教学全过程。

五、完善德技并修育人机制,促进人文与技能并重

随着经济社会的快速发展和产业转型升级步伐的加快,行业企业对人才质量的要求不断提高,良好的人文素质成为具备职业核心能力、提高就业竞争力的重要标志。全国职业核心能力认证办公室主任许湘岳曾指出,职业核心能力是在人们工作和生活中除专业岗位能力之外所必需的基本能力,包括职业沟通、团队合作、信息处理、创新创业等方面的能力,当前,职业核心能力已经成为人们就业所必备的能力。❶教育部在《关于深化职业教育教学改革全面提高人才培养质量的若干意见》中强调,要加强文化基础教育,发挥人文学科的独特育人优势,加强公共基础课与专业课间的相互融通和配合,注重学生文化素质、科学素养、综合职业能力和可持续发展能力培养,为学生实现更高质量就业和职业生涯更好地发展奠定基础。把提高学生职业技能和培养职业精神高度融合,积极探索有效的方式和途径,形成常态化、长效化的职业精神培育机制,增强对职业理念、职业责任和职业使命的认识与理解。

当前研究发现,在职业院校,学校和师生重视专业教育、轻视人文素质教育的现象都较为显著,从专业课教师在专业课教学中融入人文素质教育情况来看,31.7%的老师"偶尔"或"从不"在专业课教学过程中融入人文素质教育内容;不同专业间也存在差异,文科类专业学生对专业课教师将人文素质内容融入专业课教学认可度较高,而理工类和艺术类专业学生认可度偏低。可见,尽管近年来国家陆续出台了一系列文件要求重视人文素质教育,但当前人文素质教育现状

---

❶姚晓丹,贾冰秋.带着职业核心能力去求职[N].光明日报,2014-02-11(15).

依然不尽如人意,师生对学生人文素质满意度偏低。要改变这一现状,提高人文素质教育质量要从以下几方面入手。

首先,应该重视专业教育在人文素质提升中的重要作用。职业院校兼具"职业性"和"教育性","职业性"决定了职业教育与普通教育的区别,即要求职业教育以促进就业为导向,必须根据行业企业岗位技能的需要,加强专业技能教学,让学生掌握过硬的职业核心技能,为今后就业、进入行业企业生产服务一线做好准备;而"教育性"表明职业教育并非仅仅传授学生专业技能,教育的根本是育人,其核心是提高学生的人文素质,促进学生的全面发展。在职业院校学时安排规定中,开齐、开足公共基础课,公共基础课程学时一般占三年制中职总学时的1/3,公共基础课程学时应当不少于三年制高职总学时数的1/4,可见专业课学时在职业院校学时分配中占据了绝对优势,因此,在开齐、开足公共基础课,抓好公共基础课人文素质教育的同时,挖掘专业课在人文素质教育中的潜力,发挥专业课程和专业课教师在人文素质教育中的重要作用,完善德技并修、工学结合的育人机制,是促进职业院校学生人文素质提升不可或缺的关键资源。当然,在专业教育中渗透人文素质,并非重视人文素质教育而轻视专业教育,而是二者并重,同向同行,从而在提高学生人文素质的同时,也有益于他们端正学习态度、健全人格,提高学习兴趣,从而助推学生更好地学习专业技能。

其次,要以专业人才培养方案制定为核心,加强顶层设计。专业人才培养方案对专业人才培养目标与培养规格、修业年限、专业人才培养模式、课程设置、教学进程安排、毕业要求等内容进行了规范,是职业院校落实党和国家对职业教育人才培养的总体要求和规定,是开展教学活动、实施人才培养和人才培养质量评价的基本依据。因此,在专业人才培养方案制定过程中,一要突出课程育人导向。坚持"三全育人",全面推进"课程思政"教育教学改革,突出人文素质教育课程和专业课程教学的育人导向,把培育和践行社会主义核心价值观融入教育教学全过程。二要促进学生全面发展。在技能训练和专业课教学过程中渗透职业道德、职业精神、创新精神,加强人文素质教育实践教学,打造思想道德品质、学业学力提升、人文素养积淀、身心健康发展和创新创业实践等教育平台,促进学生综合素质提升。三要以产业需求为导向落实人才培养目标。及时追踪地方产业转型升级需求,更新职业教育理念,发挥地方人文素质教育资源优势,服务经济社会发展,推动人才培养目标定位与产业需求对接,人才培养链和产业链对接,教学内容与职业标准对接,促进高素质技能型人才培养。

同时,要以专业课程为重点,创新课程体系,在专业教学过程中渗透人文素质内容。《关于深化新时代学校思想政治理论课改革创新的若干意见》中强调,要发挥所有课程育人功能,构建全面覆盖、类型丰富、层次递进、相互支撑的课程体系,使各类课程与思政课同向同行,形成协同效应,构建课程思政建设大格局。为此,各专业应结合专业人才培养特点和专业能力素质要求,围绕法治爱国、道德诚信、理想事业、为学励志、修身养性、为人处世等方面,梳理各专业每一门课程蕴含的人文素质元素,将专业领域内的典型案例、典型事件、名家大师等人文素质教育内容贯穿专业、课程和教材体系之中,提升专业课程的育人成效,将专业精神、职业精神、工匠精神、创新精神、人文精神和劳动精神贯穿人才培养全过程。如会计专业引入了"朱镕基'不做假账'题词"的案例,介绍了2001年时任国务院总理的朱镕基到上海国家会计学院视察,题词校训"不做假账",随后在视察北京国家会计学院后,题词"诚信为本、操守为重、坚持准则、不做假账",后此题词成为北京、上海、厦门三家国家会计学院校训,并成为会计领域职业规范的高度概括,要求每一个会计人坚守"诚实守信"的职业道德;引入著名的"安然事件",曾名列《财富》杂志"美国500强"第七名的企业,世界上最大的天然气和能源批发交易商的美国安然公司向美国纽约破产法院申请破产保护过程中,位列世界第一的会计师事务所安达信作为安然公司财务报告的审计者,销毁文件,妨碍司法调查,以此案例让学生了解职业道德缺失的严重性。新闻采编与制作专业的任课教师遴选了"一个新闻实习生的'工匠精神'",介绍该校一名实习生在芦山地震、全国两会期间的采访报道,因工作出色赢得了实习单位的好评,展现了新闻记者敬业、执著、客观、及时、专业的职业精神。

六、开拓多元互动渠道,激发学生学习动机

动机是指驱动人或者动物产生各种行为的原因,它有唤醒与维持以及指向功能。学习动机是激发与维持学生的学习活动,并寻求学习活动向学习目标努力的原因,是推动学习行为的动力。学习动机包括个体内在兴趣与态度、成就需要、理想信念、价值观、目标导向、自我图式等内在动机,以及由外在的奖惩、害怕

考试不及格、环境因素等学习活动之外原因激起的外在动机,学习动机是学生达成教育目标的催化剂。[1]已有研究表明,学习动机是影响学生学习的重要因素,学生学习动机与学业成绩呈显著正相关关系,学习动机是学业成绩的正向预测源,学习动机越强学业成绩越好;社会文化层面的人际互动,即师生互动、同伴互动和辅导员互动与学习动机间存在中介效应,学习动机越强、人际互动水平越高的学生,越倾向于自主性学习投入行为。[2]已有调查分析显示,在信息技术快速发展的当前,学生上网时间明显过长,上网目的主要是聊天玩游戏,且随着年级的增加,学生上网时间增多,学生对人文素质教育的重视程度下降,在各种娱乐消遣信息充斥网络,垃圾信息、碎片知识遍布的情况下,当前职业院校学生的学习目标不明确,学习兴趣和进取心缺乏,师生互动偏少,学习动机不足的现象较为普遍。人民日报、共青团中央曾刊发文章——《沉睡中的大学生:你不失业,天理难容!》,痛批上课时诸多大学生清醒没有发呆的多,发呆没有睡觉的多,睡觉没有玩手机的多,学技术不肯动手,学理论不肯动脑,唯一投入的是游戏,耗时最多的是游戏,出现了一批"学渣""学弱"。为此,应充分利用新媒体工具平台,拓展师生互动路径,促进和谐师生关系构建,并结合职业院校学生特点尽早帮助学生培养良好的学习动机,提高学生学习积极性。

首先,为学生搭建更多互动学习交流平台。应引导学生在使用网络过程中树立正确的价值取向,充分利用"互联网＋"时代网络的便捷,网络教学资源丰富的优势,畅通沟通学习渠道。一是提升学生网络新媒体素养。当前职业院校学生均为"00"后,作为在数字化环境中成长起来的青年,他们在生活与学习方式、思想观念等方面深受互联网的影响,在得益于互联网发展带来的机遇的同时,也面临着难以鉴别海量信息、容易丧失理性思考能力等问题和挑战,应加强引导教育,提高学生独立思考辨别不良信息的能力,关注学生心理健康指导其学会正确排解情绪,并树立理想信念培养积极健康的心态。二是发挥"互联网＋"时代新媒体工具多样化的传播方式与广阔的传播渠道,不受时空限制的优势,根据学生班级或社团群体等分成不同学习兴趣小组,通过学生普遍使用的社交软

❶皮连生.教育心理学[M].上海教育出版社,2004(8):330-332.

❷嵇艳,汪雅霜.学习动机对大学生学习投入的影响:人际互动的中介效应[J].高教探索,2016(12):23-28;高秀梅.当代大学生动机的特征及其对学生成绩的影响[J].高教探索,2020(1):43-47.

件建立群组，发布热点文章、新闻报道或视频，提高时效性，引起学生兴趣，并及时予以阐述引导，引导学生用正确的世界观、人生观、价值观甄别网络信息。三是利用群团微信公众号或微博等网络媒体，根据学生善于学习新知识、新技能，接受新事物，具有创新意识和创造能力的特点，有针对性地时常更新人文知识、人文素质教育教学资源信息，将文字、图片、声音、视频等方式进行编辑，吸引学生参与其中，提高互动性，提升学生参与度。

其次，构建和谐师生关系激发学生学习动机。人文素质教育需要教师和学生用心交互渗透，学生才能在此过程中感悟到人文情怀，提升人文素质。师生关系贯穿于整个教育教学过程，是职业院校中最基本、最重要的人际关系，一般认为，教师是主导，学生是主体。在职业教育教学过程中，教师时常承担师父的职责，如果师生之间具有和谐的关系，学生对教师充满信心，把教师视为知己或朋友，积极地参与教学活动，并把这种情感通过多种方式反馈给教师，教师也会不断增强完成教学任务的信心，激发出更多的工作智慧，师生在合作过程中都能体会到创造和成功的乐趣。同时，要加强心理健康教育。在社会转型期，教师面临着生活、教学、申报项目、发表论文及升职等方面压力，学生面临着学习、就业、人际交往、情感等方面的压力，而健康的身心是师生关系和谐的基础。职业院校学生处于身心发展的转折点和关键时期，在中西方文化思想涤荡，价值观念多元交织碰撞的当代，心理承受能力较弱，分析和处理问题的能力不强，容易受到功利主义、拜金主义、享乐主义等思潮的影响，因此，为职业院校学生开设心理健康教育课程，创建心理咨询室、心理减压室等服务机构，不仅能让学生了解心理健康知识，掌握心理调节技能，也能帮助师生解除心理困惑，缓解心理压力，减少心理疾患，消除危害良好人际关系的心理因素，促进师生关系的和谐发展。

同时，从职业院校一年级起始阶段培养学生学习动机。职业院校学生一般在中学成绩不够理想，一年级是他们进入新学校、接受新教育的起始阶段，与中学不同的学习和生活迎面而来，这时也是学生学习动机转化的最佳时期。

主要通过以下三个方面来实现。

一是做好一年级总体规划。可以通过开设人文素质教育公共基础课，组织通用能力实践教学、成长学堂、引航教育、树人教育等丰富多彩的教学服务活动，在学生中大力倡导"爱国、敬业、诚信、友善"的价值取向，培养具有较强人文素养、良好道德修养、身心健康的学生,让一年级学生以积极的态度及时融入职业院校的学习和生活,培养良好的学习动机。

二是开展三周通用能力实践教学。以"通用职业能力养成"为主题,制订由人文素养、信息素养、职业礼仪与沟通、团队合作、创新创业实践、科技创新实践等七大模块组成的通用职业能力培养方案,力求在三周实践教学中贯穿"知识、能力、人文素质协调发展"的思想,突出培养学生的通用技能、职业意识和人文素养,使学生了解通用技能的基本知识,掌握在实际学习生活中所必备的沟通与礼仪规范、文字写作及语言表达能力、创新创业能力等,使新生尽快建立起职业意识,进行职业认知教育,培养学生的职业素养和职业道德,走好职业院校入学的第一步。

三是以"成长学堂"促学生健康成长。充分发挥学校"立德树人"主阵地作用,确立"学业引领·成长导航"两个主题,充分利用第二课堂的广阔阵地,创建思想道德品质、学业学力提升、人文素养积淀、身心健康发展和创新创业实践五个教学平台,每个平台都有丰富的活动、课程支撑,涉及学生的理想信念教育、爱国主义教育、道德品行教育、学习方法引导、课程课外辅导、优秀传统文化传承、读书创作、体育锻炼、心理健康、社团文体活动、社会志愿活动、创新创业教育等各个方面,引领学生不断坚定理想信念、锤炼道德品行、提升学习能力、提高人文素质。

七、优化师资结构,推进"三教"改革

教育部印发的《普通高等学校基本办学条件指标(试行)》中规定,符合"合格"标准要求的,本科与高职(专科)阶段综合、师范、民族院校,工科、农、林院校,医学院校,语文、财经、政法院校生师比指标要求是一致的,属于"限制招生"的,本科与高职(专科)阶段,各类院校生师比指标要求是完全一致。但教育部于2019年公布的统计数据表明,高职(专科)院校承担了普通高等学校40%的在校生教学任务,但专任教师仅占普通高等学校的29.8%。2019年,国务院总理李克强在政府工作报告中提出,2019年,高职院校要大规模扩招100万人,鼓励更多应届高中毕业生和退役军人、下岗职工、农民工等报考。在职业教育大发展情况下,高职院校专任教师数量尤其显得不足,相关部门也就这一现状提出了改革方案。

2019年8月,教育部等四部门出台的《深化新时代职业教育"双师型"教师队伍建设改革实施方案》指出,教师队伍是发展职业教育的第一资源,与新时代国家职业教育改革的新要求相比,教师队伍还存在数量不足、来源单一、结构性矛盾突出、管理体制机制不灵活、专业化水平偏低的问题,尤其是同时具备理论教学和实践教学能力的"双师型"教师和教学团队短缺,已成为制约职业教育改革发展的瓶颈,应建立职业教育层次分明,覆盖公共课、专业课、实践课等各类课程的教师专业标准体系,全面提升教师教育教学能力和专业实践能力。教育部《关于职业院校专业人才培养方案制订与实施工作的指导意见》要求,要推进信息技术与教学有机融合,适应"互联网+职业教育"新要求,全面提升教师信息技术应用能力,积极推动教师角色的转变和教育理念、教学观念、教学内容、教学方法以及教学评价等方面的改革。

在重视专业教育、忽视人文素质教育的情况下,职业院校公共基础课师资队伍建设问题尤为突出,对促进人文素质提升举措调查发现,选择"促进线上与线下教育相结合"的教师数占调查对象总人数的62.6%,建议"提升教师人文素质和教学信息化水平"的教师人数占教师总人数的47.7%,认为"人文素质师资水平有待提高"的学生数占调查对象的33.8%。已有研究也表明,公共基础课教师数量不足,队伍不稳定,师资水平不高,教学信息化能力有待提升等问题是师资队伍建设的短板。为此,应加强顶层设计,补充师资队伍力量,强化师资培训,深化教师、教材、教法改革,打造"有用、有趣、有效"课堂。具体可从以下三个方面展开。

一是完善顶层设计,增强公共基础课师资队伍建设力度。职业教育与普通教育是两种不同教育类型,在师资队伍建设方面,职业院校教师应举办双师素质,"双师型"教师建设一直是职业院校师资队伍建设的核心内容。近年来,国家先后出台了多项制度推进职业院校师资队伍建设。

2016年,教育部等七部门出台《关于印发〈职业学校教师企业实践规定〉的通知》,要求进一步加强职业学校"双师型"教师队伍建设,职业学校专业课教师(含实习指导教师)要根据专业特点每5年必须累计不少于6个月到企业或生产服务一线实践,没有企业工作经历的新任教师应先实践再上岗;公共基础课教师也应定期到企业进行考察、调研和学习。2019年,教育部等四部门出台《关于印发

〈深化新时代职业教育"双师型"教师队伍建设改革实施方案〉的通知》指出,要加强师德师风建设,突出"双师型"教师个体成长和"双师型"教学团队建设相结合,提高教师教育教学能力和专业实践能力,优化专兼职教师队伍结构,大力提升职业院校"双师型"教师队伍建设水平,推进以双师素质为导向的新教师准入制度改革,深化突出"双师型"导向的教师考核评价改革。2012年,教育部等四部门《关于印发〈职业学校兼职教师管理办法〉的通知》,提出完善职业学校兼职教师管理制度的要求;2016年,教育部、财政部联合印发《关于实施职业院校教师素质提高计划(2017—2020年)的意见》,加快建成一支师德高尚、素质优良、技艺精湛、结构合理、专兼结合的高素质专业化的"双师型"教师队伍。

这些职业院校师资队伍建设文件的出台,极大地推进了"双师型"教师队伍建设,但职业教育毕竟不同于普通教育,公共基础课教师在职业院校要承担总学时 1/4~1/3 的教学任务,而针对如何加强公共基础课师资队伍建设的内容相对较少,之前文件也提到,要建立中等和高等职业教育层次分明,覆盖公共课、专业课、实践课等各类课程的教师专业标准体系。由此可见,应进一步加强顶层设计,健全科学、合理、可行的公共基础课师资队伍建设制度,切实改变现状,促进公共基础课师资队伍建设。

二是提高培训针对性,构建立体培训网络。教师专业发展过程中对教育技术、教学方法、教育改革与研究、教育理念等方面的培训需求是共同的,但作为职业院校人文素质教育公共基础课教师,以及初任教师、中级教师、高级教师、骨干教师、学科带头人等处于不同专业发展阶段,承担不同课程教学任务的教师,其培训需求存在明显的不同。之前对职业院校教师培训需求的实证研究发现,现代社会科技日新月异,新知识、新技能推陈出新,需要教师不断更新,但公共基础课教师人员不足,承担了繁重的教学任务,培训时间无法得到保障,同时,培训工作缺乏较强的针对性,不能有效地满足教师培训需求,没有有效针对教师急需培训的内容组织相应的培训。

为增强培训效果,满足不同公共基础课教师专业发展个性化需求,分群体分类型构建立体教师培训网络势在必行,即针对职业院校公共基础课特点,根据初任教师、骨干教师、教学名师及青年教师、中老年教师等不同群体,有针对性地组织分层培训;培训内容既可以提供师德师风与人文素质,理论知识学习与实践教学能力提升,思想政治课和课程思政教学,外出学习研讨与校本培训、集中面授辅导与在线培训、学历进修与非学历研习等多种类型的培训服务,分层分类构建网格式立体教师培训体系,全方位助力教师教育教学能力和综合素质的全面提升。❶

三是探索多样化的教学方法。在教育教学过程中,在运用探究式教学、项目教学、案例教学、情景教学、问答启发法等教学方法进行专业教育的同时,积极探索适合职业院校学生人文素质教育的教学方法。第一是推动信息化教学。在信息技术环境下充分利用公共基础课师资资源,推动教学资源库、网络在线开放课程、模拟仿真软件等建设,构建职业教育教学资源信息化网络,加强精品慕课、微课等教学资源共建共享。第二是开展人文素质教育实践教学。实践教学并非专业教育专利,人文素质教育教学中应挖掘课程资源,梳理人文素质教育中创新创业实践、科技创新实践探索、演讲训练、名著情景剧演绎、体姿礼仪与社交礼仪训练、团队拓展训练、计算机应用软件实操、英语情景对话、影视配音等真实人文素质教育课程项目,强化学生的参与式学习、体验式学习。第三是实施项目教学。当前,我国各级各类教师学历水平不断提升,2019年教育部统计数据显示,全国普通高校具有硕士及以上学历的教师人数占教师总人数的62.5%。因此,在职业院校,教学与研究应该是同向同行不可分离的,公共基础课教师拟定人文素质教育研究项目指南,开发人文素质教育研究项目,学生在教师的指导下走入图书馆、实践教学基地乃至社会开展项目研究较为普遍。在"大众创业、万众创新"的大好形势下,立足创客空间等实训室和孵化基地,学校、公共基础课教师为学生搭建创新创业项目运行平台,支持学生开展创新创业活动,运用学习的理论知识指导创新创业实践,促进学以致用、用以促学、学用相长已经成为必然趋势。❷

八、健全人文素质教育体系,拓展人文素质教育途径

教育部《关于加强大学生文化素质教育的若干意见》中指出,加强文化素质教育工作,重点是加强人文素质教育,而加强人文素质教育是一项长期而艰巨的

---

❶肖毅.高职院校教师培训需求的实证研究[J].职教论坛,2014(26):4-7.

❷肖毅.高职院校通识教育与专业教育融合探究[J].北京教育(高教),2018(5):23-26.

任务,需要学校领导和广大师生共同努力,积极探索,大胆实践,采取多种途径与方式,扎扎实实地把加强文化素质教育工作推向前进。为此,职业院校依托四类课程,强化校园文化建设,紧抓三个课堂,健全教学评价系统,构建了职业院校人文素质教育体系(见图6-1),多措并举推进人文素质教育落到实处、取得实效。

图6-1 职业院校人文素质教育探索路径

(一)深化校园文化建设

学校是传播文明、涤荡心灵的精神家园,校园文化是一所职业院校办学理念、办学思想、办学定位、办学特色和校风学风的具体体现,是学校能够得到持续发展的基础和动力源泉。校园文化是由学校教师和学生共建共享,具有强大的凝聚力、影响力和推动力,良好的校园文化氛围为学生世界观、人生观和价值观的形成搭建了良好平台,对学生人文素质培养、思想境界的提升发挥不可替代的作用,因此,加强校园文化建设是职业院校人文素质教育探索创新的重点,也是推进人文素质教育的重要形式。

一是加强制度创新,推进校园制度文化建设。党的十九届四中全会审议通过的《中共中央关于坚持和完善中国特色社会主义制度、推进国家治理体系和治理能力现代化若干重大问题的决定》强调,推进国家治理体系和治理能力现代化,是全党的一项重大战略任务,要健全引导新型文化业态健康发展机制。因此,要做好顶层设计,深化职业院校规章制度和内在机制建设,加强校园治理体系,提升校园治理能力,这是深化校园制度文化建设,保障建设独具特色的校园文化氛围的前提和基础。

二是深化校园物质文化建设。校园建筑风格、环境布局、文化设施、实训室设计与装修等都是学校校园物质文化建设的内容,校园的一草一木都体现了学校的特色文化和精神理念,是校园文化的物质体现,但不同于普通教育,职业院校具有职业性,因此,在进行物质文化建设过程中,要体现鲜明的职业教育特色,把职业教育文化符号、精神理念融入校容校貌,通过校园环境、人文景观体现职业院校的文化底蕴,引入企业文化元素,通过建设虚拟仿真实训室、生产性实训基地等,创造虚拟仿真企业情景,让学生在浓厚的企业文化环境下潜移默化地培育职业道德和职业精神。

三是开展校园精神文化建设。校园文化的核心是精神文化,精神文化是校园文化建设追求的最高层次,是校园文化的灵魂,是一所职业院校在长期办学实践中积淀和提炼产生的,是学校办学理念、办学宗旨、文化传统和校训等的体现,也反映了学校师生的精神风貌、价值取向和行为规范,是培养新时代人才的重要保障。职业院校精神文化建设要以办学思想为引领,办学思想是职业院校在职业教育思想的指引下,长期为广大师生普遍认同且相对稳定的价值信念和共同追求,集中体现了学校特色和办学理念,是校园精神文化的载体。要以校风、教风和学风建设为基石,校风体现了学校全体教职工和学生的精神面貌,是一种无形的教育心理环境,为校内外普遍认可的行为风尚,并为师生所遵循。良好的校风具有同化力、促进力、感染力和内聚力,对师生学习和生活有重要影响。教风是教师群体师德师风、治学严谨、专业知识与技能、教育教学能力等方面的综合反映,正如陶行知先生所言:"学高为师,身正为范",教师的职责不仅仅是传授学生专业知识和专业技能,还要承担育人的责任,用自己的学识、品德潜移默化地影响学生。学风是职业院校学生的学习风气,通过学习目标、学习动机、学习态度、学习面貌、学习精神和学习纪律等方面体现,具有较为稳定的特性,只有建设良好的学风,才能形成浓厚的学习氛围,优良的学习环境,不断激发学生的学习动机,为培养高素质技能型人才、实现人才培养目标提供保障。

(二)发挥"三个课堂"的基本途径与作用

在学校,课堂教学是教师遵循教育目的,有组织、有计划地引导学生主动掌握系统的科学知识和专业技能,从而实现人才培养目标,促进学生德智体美劳全面发展的过程。因此,课堂教学是职业院校达成人才培养目标的基本途径。因课堂教学过程中教师和学生所起的作用、依托的传播媒介不同,课堂教学可以分为"三个课堂",三者之间在学生成长成才过程中是相互补充、互相渗透、相互促进的,是开展人文素质教育的基本载体和平台,应按照"依托第一课堂、拓展第二课堂、开发第三课堂"的原则开展三个课堂建设,发挥"三个课堂"一体化作用,从而达成促进全体学生人文素质提升的目标。

一要充分发挥"第一课堂"在人文素质教育过程中的主要阵地作用。"第一课堂"即为常规的课堂,是贯彻国家要求必须开齐开足的、列入人才培养方案教学计划中的"四类课程"。"第一课堂"所开课程具有明确的课程标准、教学方案、教学日历、教材或讲义等教学文件,教师按照教学计划传授学生人文知识和素养,指导学生开展实践教学,培养学生的人文精神,是开展人文素质教育的第一步,也是最为重要的环节,是开展人文素质教育的基本保障。在开齐、开足必修课程,开发课程资源丰富学生特色、选修课程的基础上,将人文素质教育贯穿人才培养全过程,大力挖掘专业课程中蕴含的人文素质要素,加强专业教育与人文素质教育相互渗透,发挥专业课程第一课堂对人文素质教育的促进作用,在专业课程教学过程中潜移默化地培养学生人文素质,促进专业教育、人文素质教育协同提升。

二要开辟"第二课堂",推进课内教学与课外活动相结合。"第二课堂"是常规课堂之外开展的教育活动,为学生展示自身优势特长和个性发展提供了平台,是丰富学生课余生活的重要形式。"第二课堂"具有灵活性、开放性、兴趣性和自主性等独特的特点,为学生将常规课堂学到的知识和技能运用到实践过程中发挥了桥梁作用,是人文素质教育重要的补充。社团活动和志愿服务等校内外实践活动是"第二课堂"的重要载体。一些院校创造和提供社团活动平台,积极引导学生社团发展,倾力打造品牌社团。通过创建学生合唱团、舞蹈团、话剧团、自强社、志愿者服务社、心理社等社团,以各具特色、丰富多彩的社团活动吸引众多学生参与,并贯彻"请进来,走出去"的方针,每年举行"高雅艺术进校园""民族艺术进校园"等系列活动,邀请兄弟院校师生进校园开展专题讲座、交流演出活动,培养学生扎实的文化基础、深厚的文化底蕴和人文素养,为学生的可持续发展奠定基础。一些院校坚持以社会主义核心价值观引领大学生志愿服务,组织学生志愿者参加毛主席纪念堂、抗日战争胜利暨反法西斯战争胜利70周年阅兵、国际田联世界田径锦标赛、台盟中央两岸青年联谊交流活动和宋庆龄故居,以及社区温馨家园、法律知识进社区、打工子弟学校支教等志愿服务活动,运用专业的知识,带着满腔的热情积极参与重大国事活动和街道社区志愿活动,服务地方经济社会建设,提升爱国主义精神和社会责任感。

三要发挥"互联网+职业教育"优势,开发"第三课堂"。现代信息技术的发展,互联网以其独特的优势触及学生学习和生活的各个角落。但互联网是一把"双刃剑",在突破时间和空间限制,为学习生活带来便捷的同时,一旦沉迷网络游戏,落入网络陷阱,其带来的危害也是前所未有的。因此,学校要及时占领网络人文素质教育阵地,探索网络时代人文素质教育的新途径。可结合学校特色、专业特点,依托微信群、QQ群、微信公众号、微博等渠道,创建人文素质教育虚拟课堂,开发人文素质教育网络资源,邀请指导教师进驻互动平台,及时了解学生的思想动态,指导学生网上交流、沟通,并为学生答疑解惑。延伸课堂教学的空间,拓展和延伸课堂效果,教育引导学生趋利避害,利用多种网络手段进行学习和交流,树立正确的网络观念、网络心理,培养良好的网络道德、网络行为,形成优秀的网络人文品质,提高人文素质教育的针对性和实效性。

(三)健全人文素质教育教学评价体系

人文素质教育教学评价是人文素质教育的重要组成部分,是人文素质教育管理过程的基本环节。开展人文素质教育教学评价,是依据教学目标,运用适当的评价方式、方法和技术手段,对人文素质教育教学工作质量进行有目的、有计划的测量、分析和评定,并为教学决策服务的教学活动。人文素质教育教学评价主要包括对学生学业成绩的评价和对教师教学工作过程的评价,通过适时地评价,可以让学校、教师、学生和家长等更全面客观地了解教学工作取得的效果和存在的问题。人文素质教育教学评价是学校进行教学工作决策的基础,维持了教学过程中师生适度的紧张状态,也为教师明确教学目标达成程度,及时改进教学方式方法提供依据,同时,为加深学生了解自身学习状况,激发学生学习动机,调动学习兴趣,提供强有力的学习支持服务。

职业院校人文素质教育课堂教学包括"第一课堂""第二课堂"和"第三课堂"三个课堂。课程类型包括纯理论课、理论与实践一体课程以及纯实践课程。课程类别包括人文知识类、人文思想类、鉴赏类和实践类四个类别。有的课程由教师有计划、有目的的组织实施，而有的课堂是在学生干部组织下开展，在较为复杂的情况下，有效开展各种课堂、各类课程的教学评价较为困难。已有调查结果显示，师生目前对学生人文素质满意度不高，教师常用的学业成绩教学评价方式与教师认为适合的教学评价方式一致，这表明教师是按照更合适的教学评价方式进行日常教学评价，但教师的意见与学生最喜爱的学业成绩教学评价方式的调查结果存在一定差异。因篇幅有限，本书围绕学生学业成绩教学评价这个主题，从评价主体、评价内容、评价方式等方面对完善教学评价体系，开展科学评价提出对策。

一是教学评价主体多元化。人文素质教育学业成绩评价直接影响师生对教学效果及后续学业情况的评价，因此，应根据教学内容和课程类型吸纳不同评价主体进行评价。任课教师评价在所授课程学生人文素质教育教学评价中占主要地位，他们与学生朝夕相处，了解学生的日常学习情况以及考试检测情况。评价的目的是促进发展，应尽量对学生进行全面肯定的积极评价，提高学生的学习动机和学习兴趣，慎用负面消极评价，有效帮助学生查摆差距与不足，及时纠正错误。引导学生进行自我评价和相互评价，教学评价过程也是学生总结和再认识自身阶段性学业成效的过程。作为学习活动的实施者或组织者，通过自我评价和相互评价，不仅增加了同辈之间交流沟通的学习机会，让他们懂得欣赏和尊重他人，了解学业成绩优秀的学生优势所在，发现自身存在的问题与不足，以便在今后的学习中探寻更适合自己的学习方式、方法，提高学习效果。也可以建立免考制度，通过学生自评为在某方面取得优异成绩的同学提供免考免试机会，激励其他同学。发挥行业企业兼职指导人员在教学评价中的作用。人文素质教育实践教学活动主要在合作单位实践基地展开，加强校企互动，由合作单位人员参与评价指标制定，并对学生职业素养、道德观念、个人态度、行为习惯等参与评价，能更全面客观地了解学生情况，规范学生实践行为。在条件允许的情况下，可以引入家长、学生工作管理人员共同参与评价，从而加强家校之间的沟通合作，形成人文素质教育合力。

二是教学评价内容综合化。人文素质教育课程涉及四个类别、"三个课堂"，形式多样，每门课程虽各有侧重，但一般都应该包括知识、能力和素质目标三个方面。教学评价既要对理论课教学进行考核,也要对实践教学、社团活动、志愿服务等进行考察认定,要结合各门课程特点,注重定量评价与定性评价的和谐统一,有针对性地为每门课程制定具体的学生学业成绩教学评价方案,做到"一课一方案、课课有方案"。教学评价要依据教学目标确定评价内容,分布范围要广,覆盖面要宽,不仅要考核人文知识,更应该关注人文思想、实践行为和人文精神等方面综合素质的考核。只有对人文素质教育课程进行综合、全面、全方位的有效评价,才能准确评价学生人文素质发展水平,从而发挥教学评价导向性、发展性功能。

三是评价方式多样化。合理的人文素质教育学业成绩评价方式应该与课程内容、课堂类别相关联,需要将学习过程与评价过程相结合,将过程性评价与总结性评价、定量评价与定性评价结合起来,真实地评价学生的学习效果和学习潜能,为促进学生发展服务。始终坚持两个原则:其一,过程性与终结性评价相结合。过程性评价是一个促进学习者发展的评价,是在学习过程中完成,主张对学生学习动机、学习过程和学习效果进行全面评价。终结性评价是对课堂教学结果进行评价,一般是一个大的教学阶段、一个学期或一门课程教学活动结束后对学生学业成绩进行的评价。其目的是评价学生这一段时间学业结果,进行学业成绩评定,为了体现职业院校学生在人文素质教育课程中达成教学目标情况,调动学生学习积极性。可以对学生课堂表现、平时考勤、作业完成情况、小测验、期中测验、期末考试等给予不同比例赋值,并于最终形成评定成绩的方式进行。其二,定量评价与定性评价相结合。定量评价对学生进行学业评价后,其评价材料能做出定量结果的价值判断,它具有客观化、标准化、精确化、量化、简便化等特征。定性评价是根据评价者对学生平时的表现、状态或文献资料的观察和分析,直接对学生做出定性结论的价值判断,它强调通过评价者的知识、经验和判断对评价材料进行观察、分析评价的方法。定性与定量评价方法各有优劣,对人文素质教育课程进行教学评价时应结合教学实际,可以采用客观性测验、论文式测验、观察法、调查法、学习档案评价法、社会实践报告、撰写学习心得与体会等定性与定量相结合的多样化评价方式,全面客观地展现学生的人文素质水平和现状。

九、推进学分银行建设，拓宽人文素质提升通道

习近平同志在国际教育信息化大会的贺信中强调，当今世界，科技进步日新月异，互联网、云计算、大数据等现代信息技术深刻改变着人类的思维、生产、生活、学习方式，因应信息技术的发展，推动教育变革和创新，积极推动信息技术与教育融合创新发展，构建网络化、数字化、个性化、终身化的教育体系，建设"人人皆学、处处能学、时时可学"的学习型社会，培养大批创新人才，是人类共同面临的重大课题。《中国教育现代化2035》八大基本理念中强调，要更加注重以德为先，更加注重全面发展，更加注重面向人人，更加注重终身学习。面向教育现代化的十大战略任务之一就是构建服务全民的终身学习体系，建立全民终身学习的制度环境，建立国家资历框架，建立健全国家学分银行制度和学习成果认证制度，强化职业学校的继续教育与社会培训服务功能。科技发展为终身学习体系建设奠定了基础，为人文素质的提升提供了技术保障。

在我国大力推进教育现代化、职业教育"学分银行"建设及1+X证书制度试点工作的时代背景下，要遵循教育规律和学生身心发展规律，坚持将德育工作、人文素质提升放在首位，优化以学生为中心、以德技并修为导向、以素质提升为指引、以教育信息化为支撑的课程体系，深入探索建立职业教育个人学习账号，持续推进学历证书和职业技能等级证书所体现的学习成果，以及精品在线学习平台学习成果、职业资格证书、境外交流学习成果、发明专利、新职业培训、职业技能竞赛、创新创业大赛、志愿活动、社团活动等非学历教育学习成果的认定、积累和转换，从而实现学习成果可存储、可认定、可追溯、可查询、可转换，盘活学生各类学习成果，搭建各类学习成果"立交桥"，为学生主动学习、积极参与搭建平台，为学生成长成才、全面发展拓宽通道，推动全民终身学习，全面服务学习型社会建设。

参考文献

[1]扎卡里亚.为人文教育辩护[M].梁栋,译.北京:新星出版社,2015.

[2]布洛克.西方人文主义传统[M].董乐山,译.北京:群言出版社,2012.

[3]卜春艳.高职院校人文素质教育四维解读[J].湖北开放职业学院学报,
　　2020(11).

[4]步卫华.人文素质教育在中专体育教学中的融合[J].现代职业教育,
　　2021(16).

[5]陈桂香.知识经济时代大学生人文素质评价指标体系的构建[J].现代教育
　　科学,2020(6).

[6]陈洪静.新媒体环境下高职院校学生人文素质教育初探[J].文化创新比较
　　研究,2019(7).

[7]陈娟莉.高职人文素质教育与创新创业教育融合发展的路径探究[J].创新
　　人才教育,2020(1).

[8]陈亮.后疫情视角下高职院校"精准资助与育人"实施路径创新——以江苏
　　经贸职业技术学院为例[J].中外企业文化,2021(5).

[9]陈祉桦.新"国标"视域下的公安院校人文素质教育优化策略[J].广西警察
　　学院学报,2021(3).

[10]邓雅琪.高职学生人文素质教育实践研究[J].现代交际,2020(9).

[11]丁良艳,芮晓华.论文化自信与新时代大学生人文素质培育[J].决策探索
　　(下),2021(3).

[12]方顺适,刘寿彭.高职院校人文素质教育的意义、特点及有效实施探讨[J].
　　科教文汇(中旬刊),2021(5).

[13]冯翠娟,何岩.浅议卫生职业院校加强人文素质教育的重要性[J].中国校
　　外教育,2018(26).

[14]傅永梅,杨钰雅,陈建建,高慧.高校学生人文素质教育引入策略分析[J].

黑龙江科学,2021(23).

[15]高芳艳.论文化校园建设对大学生人文素质教育的作用[J].商丘职业技术学院学报,2020(5).

[16]高长江.人文素养概论[M].杭州:浙江大学出版社,2021.

[17]谷晓红.医学生人文素质教育初探[M].北京:中国中医药出版社,2015.

[18]顾明远.高等学校亟须加强人文学科教育[J].中国高等教育评论,2018(1).

[19]郭秋莎.人文素质教育融入高校创新创业教育分析[J].现代交际,2021(9).

[20]郭盛煌,于晓丹.高职人文素质教育课程实施的学生满意度调查[J].现代职业教育,2018(21).

[21]国卉男,董奇,张咪.高职院校教育科研的现状及问题分析[J].职业技术教育,2018(4).

[22]贾振领.新时代大学生人文素质提升的条件和路径分析[J].黑龙江省社会主义学院学报,2020(4).

[23]靳媛.高职人文素质教育研究[J].教育与职业,2015(33).

[24]李多艺.大语文视野下的高职生人文素质教育研究[J].现代职业教育,2021(22).

[25]李红艳.中职学生人文素质教育实践研究[J].学园,2021,(16).

[26]李美珍,祁占勇.高校人文素质教育政策的变迁与展望[J].高教发展与评估,2020(1).

[27]刘新春.大学体育教学应注重渗透人文素质教育[J].当代体育科技,2021(12).

[28]吕立宁.于加强高职学生人文素质教育的几点思考[J].办公室业务,2017(18).

[29]马海燕.中国当代大学生人文素质教育研究[M].沈阳:辽宁大学出版社,2021.

[30]马利强.立德树人视域下高校人文素质教育研究[M].北京:北京工业大学出版社,2021.

[31]马晓涛.高职院校人文素质课程MOOC教育模式创新研究[J].文学教育(上),2019(12).

[32]梅惠平.职业人才培养中人文素质教育的途径分析[J].中国商论,2020(17).

[33]潘琴,彭红,罗丹."一带一路"倡议下人文素养融入高职英语教学的实践路径研究[J].现代职业教育,2022(7).

[34]任玉明.河南省医学院校医学人文教育现状调查研究[J].中国成人教育,2022(3).

[35]邵敏兰.互联网时代下大学生人文素质教育提升路径[J].牡丹江教育学院学报,2020(11).

[36]石亚军.人文素质论[M].北京:中国人民大学出版社,2008.

[37]史梅,白冰.高职人文素质教育的现实与理想[J].职教论坛,2012(29).

[38]苏曼,王春才.立德树人视野下师范生人文素养研究[J].湖北开放职业学院学报,2020(15).

[39]孙杰远.研究生人文素质教育读本[M].北京:教育科学出版社,2016.

[40]田犇.高职人文素质教育和评价体系构建研究[J].产业与科技论坛,2020(20).

[41]汪斌,王城城.试论中华传统文化与大学生人文素质的养成[J].文化创新比较研究,2021(15).

[42]王丽娇.大学生人文素质教育存在的问题及其优化路径[J].湖南大众传媒职业技术学院学报,2020(1).

[43]王凌晨.发挥辅导员在大学生人文素质教育中的作用[J].中国高等教育,2018(20).

[44]王文奎,宋振航,王玥.复杂性视角下中国大学人文素质教育创新研究[M].北京:中国社会科学出版社,2018.

[45]王细芝.大学生人文素质教育研究[M].北京:中国纺织出版社有限公司,2022.

[46]魏冉,孙义明.基于人才培养的高职院校人文素质教育——以A职业技术学院为例[J].人才资源开发,2021(10).

[47]伍艳丽.大学生人文素质教育评价体系研究[J].黑龙江教育学院学报,2016(3).

[48]肖毅.职业院校公共基础课开展人文素质教育现状调研[J].中国现代教育装备,2020(17).

[49]肖毅.职业院校人文素质教育研究现状与启示[J].学理论,2019(12).

[50]徐贲.美国大学的人文教育[M].北京:北京大学出版社,2015.

[51]薛媚.高职院校大学生人文素质教育路径探析[J].新西部,2020(14).

[52]闫培.中华优秀传统文化与高职人文素质教育的融合探析[J].知识文库,2021(22).

[53]杨叔子.做好"三提高"工作培养"全"人——加强大学生文化素质教育的回顾与思考[J].中国高等教育,1999(23).

[54]叶玉梅,许蓉,王磊.培养卓越医生与医学生人文素质教育的思考[J].中国高等医学教育,2017(11).

[55]詹琍敏.西方人文传统研究[M].武汉:武汉大学出版社,2012.

[56]张晨,陈亚萍,郑恺.军校人文素质教育改革与创新探索[J].文教资料,2021,(16).

[57]张楚廷.人文教育的重大意义[J].高等教育研究学报,2016(1).

[58]张宏斌,冯文华.中国高校人文素质教育研究[J].高等教育研究学报,2014(12).

[59]张友玲.中华优秀传统文化与高职人文素质教育的融合途径[J].文化创新比较研究,2019(25).

[60]周远清.高等学校文化素质教育新探讨[M].济南:山东大学出版社,2011.

附录一　职业院校公共基础课人文素质教育现状调查(学生版)

亲爱的同学：

您好！衷心感谢您对本次调查活动的大力支持！为了解职业院校公共基础课开展人文素质教育现状,剖析公共基础课程推进人文素质教育方面具有的优势和存在的问题,提出改进策略,促进公共基础课程改革,提高学生人文素质,我们进行了本次调查。调查问卷不记名,您的每项回答对我们都很重要,请您根据自己的实际情况作答。

再次感谢您的参与与配合!

问卷填写说明：

请区别单选题或多选题;如选择"其他"选项可以将相应内容填写在横线上面。

一.基本情况(请将合适的选项填入括号中)

1.专业类别:(　　)

A.文科类

B.理工类

C.艺术类

2.就读年级:(　　)

A.一年级

B.二年级

C.三年级

3.性别:(　　)

A.男

B.女

4.家庭居住地:( )

A.农村或乡镇

B.城市(最小为县级市的城区部分或县城所在地)

二.调查问卷(请将合适的选项填入括号中)

1.您注重下列哪些人文素质教育课程内容( )(可多选),您觉得自身在人文素质方面有所欠缺的是( )(可多选)。

A.人文知识类课程(语文或传统文化、数学、外语、创新创业、安全教育、职业规划、就业指导、劳动教育等)

B.人文精神类课程(思想政治、德育、职业道德教育、心理健康等)

C.鉴赏类课程(美育、公共艺术,音乐、美术、影视作品赏析等)

D.实践类课程(体育、军事、信息技术、团队拓展、志愿服务、职业礼仪与沟通等)

2.关于人文素质对一个人未来发展能起的作用,您的观点是( )。

A.帮助很大

B.一般

C.基本没有帮助

D.说不清楚

3.您认为加强职业院校学生人文素质教育是否必要?( )。

A.非常有必要

B.有必要

C.可有可无

D.没有必要

4.您认为人文素质的提升主要依靠什么?( )

A.学校培养

B.家庭培养

C.自身培养

D.社会环境熏陶

5.您平时主要通过哪些途径提升自身人文素质( )(可多选)。

A.课堂老师讲授

B.阅读报刊书籍

C.电视广播节目

D.上网学习

E.各类讲座

6.您认为公共基础课课堂教学对学生人文素质的养成所起的作用( )。

A.很大

B.较大

C.有一定作用

D.起不了什么作用

E.说不清

7.您觉得通过人文素质教育应达到什么样的目标?( )(可多选)

A.促进全面发展

B.提高自身修养

C.培养创造性思维

D.为工作所用

E.为修满学分

F.其他

8.在职业院校,对于专业教育和人文素质教育,您的观点是( )。

A.都很重要

B.专业教育更重要

C.人文素质教育更重要

D.说不清楚

9.您的专业课老师是否在教学中对学生进行人文素质方面的教育( )。

A.总是

B.经常

C.偶尔

D.从不

E.说不清楚

10.请您对下列课程开设的重要性、是否开设及学时情况进行评价：（请在合适的选项空格中打√）

重要性				开设情况学时情况					
很重要	重要	一般	不重要	开设	未开设	满意	需增加学时	需减少学时	说不清
1)思想政治或德育课									
□	□	□	□	□	□	□	□	□	□
2)语文或传统文化课									
□	□	□	□	□	□	□	□	□	□
3)创新创业课									
□	□	□	□	□	□	□	□	□	□
4)职业规划与就业指导课									
□	□	□	□	□	□	□	□	□	□
5)职业礼仪与沟通									
□	□	□	□	□	□	□	□	□	□
6)心理健康教育									
□	□	□	□	□	□	□	□	□	□
7)安全教育									
□	□	□	□	□	□	□	□	□	□
8)美育课									
□	□	□	□	□	□	□	□	□	□
9)劳动教育课									
□	□	□	□	□	□	□	□	□	□

11.如您所在学校开设了相关课程,请就相关开设课程对您素质提升、知识掌握和能力提升的满意度进行评价（请在合适的选项空格中打√）

素质提升				知识掌握				能力提升			
很满意	较满意	不满意	说不清	很满意	较满意	不满意	说不清	很满意	较满意	不满意	说不清
1)思想政治或德育课											
□	□	□	□	□	□	□	□	□	□	□	□
2)语文或传统文化课											
□	□	□	□	□	□	□	□	□	□	□	□

3)创新创业课

☐　☐　☐　☐　☐　☐　☐　☐　☐　☐　☐　☐

4)职业规划与就业指导课

☐　☐　☐　☐　☐　☐　☐　☐　☐　☐　☐　☐

5)职业礼仪与沟通

☐　☐　☐　☐　☐　☐　☐　☐　☐　☐　☐　☐

6)心理健康教育

☐　☐　☐　☐　☐　☐　☐　☐　☐　☐　☐　☐

7)安全教育

☐　☐　☐　☐　☐　☐　☐　☐　☐　☐　☐　☐

8)美育课

☐　☐　☐　☐　☐　☐　☐　☐　☐　☐　☐　☐

9)劳动教育课

☐　☐　☐　☐　☐　☐　☐　☐　☐　☐　☐　☐

12.在下列公共基础课程教学手段中,老师常使用的有(　)(可多选),您喜爱的有(　)(可多选)。

A.多媒体教学

B.慕课等网络在线教学

C.线上线下相结合的混合式教学

D.传统教学手段

E.其他

13.在公共基础课程教学时,老师常使用的教学方法有(　)(可多选),您喜爱的有(　)(可多选)。

A.讲授法

B.情景教学法

C.小组讨论法

D.问答启发法

E.参观法

F.案例法

G.其他

14.您对目前的公共基础课程教学方法（　　）。

A.很满意

B.比较满意

C.感觉一般

D.不满意

E.很不满意

15.在下列公共基础课程的教学评价方式中,老师常使用的有（　　）(可多选),您喜欢的有（　　）(可多选)。

A.论文式测验法

B.客观性测验法

C.观察法

D.调查法

E.其他

16.您对自身人文素质的评价是（　　）。

A.很满意

B.比较满意

C.感觉一般

D.不满意

E.很不满意

17.您每天上网的时间约为（　　）。

A.2小时及以下

B.2~4小时(含4小时)

C.4~8小时(含8小时)

D.8小时以上

18.您上网的目的是（　　）(可多选)。

A.利用网上学习资源学习

B.浏览各种信息,了解社会

C.玩游戏,聊天或其他网上娱乐

D.购物

E.其他

19.您学习的公共基础课程中,老师使用的网络教学资源平台有(　)(可多选)。

A.爱课程

B.学堂在线

C.好大学在线

D.超星平台

E.智慧树

F.其他

G.没有使用

20.您学习的公共基础课程中,老师使用的信息化课堂教学管理平台有(　)(可多选)。

A.雨课堂

B.蓝墨云班课

C.智慧课堂

D.其他

E.没有使用

21.您对目前使用的公共基础课教材感到(　)。

A.很满意

B.比较满意

C.感觉一般

D.不满意

E.很不满意

22.您所接触的公共基础课程教师对教学工作的态度和教学效果评价:(请在合适的选项空格中打√)

教师教学态度					教学效果				
非常认真	认真	一般	不认真	很不认真	很好	较好	一般	不好	很不好
□	□	□	□	□	□	□	□	□	□

23.您认为本校公共基础课实践活动开展如何?(　　)

A.效果好

B.效果一般

C.效果不好

D.不关注

24.您最感兴趣的公共基础课程是(　　)(可多选),您认为需要加强的课程类别是(　　)(可多选)。

A.人文知识类课程

B.人文精神类课程

C.鉴赏类课程

D.实践类课程

25.在平时的学习中,您会主动提高自身的人文素质吗?(　　)

A.会主动提高

B.顺其自然

C.不会主动提高

D.不知道

26.在公共基础课程学习过程中,您的表现是(　　)。

A.非常认真

B.比较认真

C.消极应付

D.无所谓

E.很不认真

27.您认为本校人文素质教育存在哪些不足?(　　)(可多选)

A.重专业技能训练,轻人文素质教育

B.课程种类不丰富,课时安排少

C.人文素质师资水平有待提高

D.学校对人文素质教育不够重视

E.学生没有时间和精力

F.学生对人文素质教育不够重视

G.其他原因

28.在"互联网+"教育背景下,您认为哪些措施能促进学生人文素质提升
(　　)(可多选)。

A.教师提供更多相关网络教学资源

B.使用信息化教学平台提升教学效果

C.丰富课程种类,增加学时

D.提高学校、教师和学生重视程度

E.提升教师人文素质F.其他措施

29.您对开展公共基础课程改革,促进学生人文素质提升有什么好的建议?
请简明回答。

(感谢您的支持,祝您生活愉快!)

附录二　职业院校公共基础课人文素质教育现状调查(教师版)

尊敬的老师：

您好！衷心感谢您对本次调查活动的大力支持！

为深入了解我国职业院校公共基础课开展人文素质教育现状,我们进行了本次调查。调查仅供研究使用,采用不记名方式,您的每项回答都很重要,请您根据自己的实际情况作答。

再次感谢您的配合!

问卷填写说明：

请注意区别单选题或多选题;如选择"其他"选项可以将相应内容填写在横线上面。

一.基本情况(请在合适的选项空格中打√)

1.从事工作：

□公共基础课教学

□专业课教学

□行政人员

□其他□

2.学历：

□专科

□本科

□硕士

□博士

二.调查问卷

1.对职业院校人文素质教育,您(　　)。

A.非常关注

B.比较关注

C.一般

D.不关注

2.您注重下列哪些人文素质教育类课程(　　)(可多选)。

A.人文知识类课程(语文或传统文化、数学、外语、创新创业、安全教育、职业规划、就业指导、劳动教育等)

B.人文精神类课程(思想政治、德育、职业道德教育、心理健康等)

C.鉴赏类课程(美育、公共艺术,音乐、美术、影视作品赏析等)

D.实践类课程(体育、军事、信息技术、团队拓展、志愿服务、职业礼仪与沟通等)

3.您对本校学生的人文素质情况(　　)。

A.很满意

B.满意

C.基本满意

D.不满意

E.很不满意

4.您对本校公共基础课开展人文素质教育情况(　　)。

A.很满意

B.满意

C.基本满意

D.不满意

E.很不满意

5.您认为职业院校开设人文素质教育类公共基础课程(　　)。

A.非常有必要

B.有必要

C.可有可无

D.没有必要

6.本校按要求开设人文素质教育课程情况( )。

A.按要求开齐所有课程

B.开齐但课时不足

C.没有开齐课程

D.不清楚

7.本校公共基础课教师使用的网络教学资源平台有( )(可多选)。

A.爱课程

B.学堂在线

C.好大学在线

D.超星平台

E.智慧树

F.其他

G.没有使用

8.本校公共基础课教师使用的信息化课堂教学管理平台有( )(可多选)。

A.雨课堂

B.蓝墨云班课

C.智慧课堂

D.其他平台

E.没有使用

9.您认为本校人文素质教育实践活动如何?( )。

A.效果好

B.效果一般

C.效果不好

D.不关注

10.您认为最适合公共基础课的教学手段是( )(可多选)。

A.多媒体教学

B.慕课等在线教学

C.混合式课堂教学

D.传统教学手段

E.其他

11.您认为适合公共基础课的教学方法是(　　)(可多选)。

A.讲授法

B.项目教学法

C.小组讨论法

D.问答启发法

E.参观法

F.情景教学法

G.案例法

H.其他

12.您认为适合公共基础课的教学评价方法是(　　)(可多选)。

A.论文式测试法

B.客观性测试法

C.观察法

D.调查法

E.其他

13.对于职业院校的专业教育和人文素质教育,您的观点是(　　)。

A.都很重要

B.专业教育最重要

C.人文素质教育最重要

D.说不清楚

14.本校公共基础课教师配备是否能满足学校课程开设的需要?(　　)。

A.各类公共基础课均组建了充足的优秀师资队伍

B.教师能满足开课要求

C.部分课程没有稳定师资队伍

D.师资无法满足开课要求

15.您所接触的公共基础课教师对教学工作的态度和教学效果评价:

教师教学态度					教学效果				
非常认真	认真	一般	不认真	很不认真	很好	较好	一般	不好	很不好
□	□	□	□	□	□	□	□	□	□

16.您对本校公共基础课教学感到满意的是（　　）（可多选）。

A.课程体系完整能有效促进学生人文素质提升

B.教师教学效果良好

C.学校人文环境浓厚

D.有效使用网络教学资源和管理平台

E.其他

17.您认为本校人文素质教育存在哪些不足?（　　）（可多选）

A.重专业技能训练,轻人文素质教育

B.课程种类不丰富,课时安排少

C.人文素质师资水平有待提高

D.学校对人文素质教育不够重视

E.学生对人文素质教育不够重视

F.学生没有时间和精力

G.其他原因

18.在"互联网+"教育背景下,如何改进公共基础课,促进学生人文素质提升,您的意见和建议是（　　）（可多选）。

A.提供更多相关网络教学资源

B.使用信息化教学平台提升教学效果

C.促进线上与线下教育相结合

D.健全课程体系,增加学时

E.提高各方重视程度

F.提升教师人文素质和教学信息化水平

G.其他措施

19.您对职业院校开展公共基础课程改革,提升学生人文素质有什么好的建议?请简明回答。

(感谢您的支持,祝您生活愉快!)